足球体能训练方法

周期化训练 ｜ 赛季训练 ｜ 小场地对抗训练

〔英〕亚当·欧文
〔法〕亚历山大·德拉尔　　　　著

魏宏文 译

北京科学技术出版社

First Published in English on August 2016 by SoccerTutor.com Published in German on September 2018 by SoccerTutor.com Published in Spanish on January 2019 by SoccerTutor.com

Copyright: SoccerTutor.com Limited © 2016. All Rights Reserved.

Author: Dr. Adam Owen, Ph.D Copyright: Dr. Adam Owen, Ph.D © 2016. All Rights Reserved.

Assistant Author: Alexandre Dellal, Ph.D

Diagrams: Diagram designs by SoccerTutor.com. All the diagrams in this book have been created using SoccerTutor.com Tactics Manager Software available from www.SoccerTutor.com

著作权合同登记号 图字：01-2019-3861 号

图书在版编目（CIP）数据

足球体能训练方法 /（英）亚当·欧文，（法）亚历山大·德拉尔著；魏宏文译 . —北京：北京科学技术出版社，2020.6（2020.9 重印）

（足球体能训练译丛）

书名原文：Football Conditioning A Modern Scientific Approach: Periodization–Seasonal Training–Small Sided Games

ISBN 978-7-5714-0832-9

Ⅰ . ①足… Ⅱ . ①亚… ②亚… ③魏… Ⅲ . ①足球运动-体能-身体训练 Ⅳ . ① G843.2

中国版本图书馆 CIP 数据核字 (2020) 第 038253 号

足球体能训练方法

作　　者：〔英〕亚当·欧文　〔法〕亚历山大·德拉尔
译　　者：魏宏文
策划编辑：曾凡容
责任编辑：曾凡容
责任校对：贾　荣
责任印制：张　良
排版设计：优品地带
出 版 人：曾庆宇
出版发行：北京科学技术出版社
社　　址：北京西直门南大街 16 号
邮政编码：100035
电话传真：0086-10-66135495（总编室）　　　　0086-10-66113227（发行部）
　　　　　0086-10-66161952（发行部传真）
电子信箱：bjkj@bjkjpress.com
网　　址：www.bkydw.cn
经　　销：新华书店
印　　刷：北京宝隆世纪印刷有限公司
开　　本：720mm × 1000mm 1/16
字　　数：160 千字
印　　张：10.75
版　　次：2020 年 6 月第 1 版
印　　次：2020 年 9 月第 2 次印刷
ISBN 978-7-5714-0832-9

定价：86.00 元

认识作者

亚当·欧文
（Adam Owen）
博士

@adamowen1980

www.aoperformance.co.uk

WeChat ID：
AdamOwen1980

证书

·欧足联职业教练员［威尔士足球总会（Football Association of Wales, FAW），卡迪夫（Cardiff）］

·运动科学博士学位［法国里昂克罗德·贝尔那大学（Claude Bernard Lyon.1 University）］

·运动科学硕士学位［威尔士雷克瑟姆格林多大学（Glyndwr University, Wrexham）］

·运动科学学士学位［威尔士雷克瑟姆格林多大学（Glyndwr University, Wrexham）］

工作经历

·国际足球科学与表现学院（International Soccer Science & Performance Federation, ISSPF）讲师

·美国职业足球大联盟西雅图海湾人足球俱乐部（Seattle Sounders FC, MLS Champions）运动表现与技术总监

·波兰列治亚足球俱乐部（Lechia Gdansk SK）主教练

·中国足球协会超级联赛河北华夏幸福足球俱乐部助理教练

·英格兰足球总会（England FA）高水平表现教练讲师

·威尔士国家男子足球队（Wales National Team）运动科学及体能教练

·葡萄牙里斯本本菲卡足球俱乐部（SL Benfica）足球

研究科学顾问

·瑞士塞维特足球俱乐部（Servette FC）助理教练、运动表现主管

·法国里昂克罗德·贝尔那大学副研究员

·香港高等教育科技学院（Technological and Higher Education Institute）访问学者

·英格兰谢菲尔德联足球俱乐部（Sheffield United FC）体能与运动表现主管

·苏格兰格拉斯哥流浪者足球俱乐部（Rangers FC）运动科学与运动表现主管

·英格兰谢菲尔德星期三足球俱乐部（Sheffield Wednesday FC）体能与科学主管

·苏格兰凯尔特人足球俱乐部（Celtic FC Academy）青训学院运动科学主管

·威尔士雷克瑟姆足球俱乐部（Wrexham FC Academy）青训学院技术与体能教练

在亚当·欧文的职业生涯中，他将实际的执教经历（拥有欧足联职业教练员证书）与非常杰出的学术经历进行了完美的融合（拥有法国里昂克罗德·贝尔那大学运动科学博士学位）。除此之外，他还是一位非常有活力的教练员讲师，承担和完成了足球科学领域的多项研究课题。

亚当·欧文在足球界的经历丰富（做过球员、教练员、运动科学家和高水平运动表现主管），他将自己在职业足球比赛中获得的实践与理论两个方面的理解、思考和经验总结形成本书所展现的执教哲学。

亚当·欧文的职业生涯也能显示他在英国足球、欧洲足球[欧洲冠军联赛（UEFA Champions League）和欧足联欧洲联赛（Europa League）]、欧洲足球俱乐部，以及国际精英足球[欧洲足球锦标赛（UEFA European Championships）、国际足联世界杯预选赛（FIFA World Cup qualification campaigns）]进行了历练。

为了在精英级职业足球领域最大限度地提升球员和团队的运动表现，亚当·欧文利用以前在欧洲足坛和英国足坛的成功经验设计了合理的、基于研究的执教方法。他将所有关键的技术人员、运动科学家和医务人员整合起来，就是要确保他的训练方法在不断发展的足球运动中是最好的。

当亚当·欧文27岁时，他是格拉斯哥流浪者足球俱乐部一线管理团队的成员，曾帮助球队打进欧洲杯决赛圈，并接着成功创立了"足球科学"部门，该部门在俱乐部存在了很长时间。

2014年夏天，为了进一步丰富执教经验，亚当·欧文接受了去欧洲中

部工作的邀请，同时继续留在威尔士国家队。亚当·欧文坚持在科学期刊上发表论文，并著书立说，同时还在法国里昂克罗德·贝尔那大学任副研究员，在葡萄牙本菲卡俱乐部任足球研究科学顾问。

亚历山大·德拉尔
(Alexandre Dellal)
博士

证书

· 欧足联 A 级教练［法国足球协会（French Football Federation,F.F.F），克莱枫丹（Clairefontaine）］
· 运动科学博士学位［法国斯特拉斯堡大学（University of Strasbourg）］
· 学术性硕士学位（DEA Research Master Degree）［法国南锡—斯特拉斯堡大学 2（University of Nancy-Strasbourg 2）］
· 身体准备硕士课程班（DESS Master Course in Physical Preparation）［法国斯特拉斯堡大学］

工作经历

· 法国尼斯足球俱乐部（OGC Nice）身体准备主管
· 国际足联卓越医疗中心、法国里昂桑提骨科中心（FIFA Medical Centre of Excellence, Centre Orthopédique Santy）研究员
· 法国奥林匹克里昂足球俱乐部（Olympique Lyonnais）体能主教练
· 科特迪瓦国家男子足球队（Ivory Coast National Football Team, Ivory Coast, Africa）体能教练
· 法国低温医疗（Cryonic Medical）运动康复主管
· 沙特阿拉伯吉达联盟足球俱乐部（Al Ittihad, Jeddah）体能教练

　　在本书的撰写过程中，亚历山大·德拉尔博士以他渊博的学识和实践应用能力协助亚当·欧文完成了其中的很多章节。亚历山大·德拉尔博士是令人尊敬的足球科学研究者之一。他目前是

法国足球甲级联赛尼斯足球队的体能主管，同时也是国际足联设立在法国里昂卓越医疗中心的桑提骨科中心的研究员。他拥有欧足联 A 级教练证书，拥有法国斯特拉斯堡大学的运动科学博士学位，还是一名副研究员。

亚历山大·德拉尔曾担任奥林匹克里昂足球俱乐部的体能主教练，也曾在科特迪瓦国家男子足球队工作。作为一名活跃在运动与足球科学领域的研究人员，德拉尔发表了许多论文、出版了许多书籍，还有多项课题正在研究中。

认识译者

魏宏文

· 1992.9—1996.7 北京体育大学运动人体科学专业，学士
· 1999.9—2002.7 北京体育大学运动人体科学专业，硕士
· 2006.9—2009.7 北京体育大学运动人体科学专业，博士
· 1996.9—2006.8 北京市体育科学研究所，助理研究员
· 2009.8—2018.1 北京体育大学运动医学与康复学院，副教授
· 2019.2—   北京体育大学体能训练学院，副教授，硕士研究生导师

　　魏宏文博士长期从事竞技体育体能训练实践，先后在北京女子足球队、中国国家女子足球队、中国国家男子足球队担任科研教练和体能康复教练。1997—2019 年，他与中国国家男子足球队历任中外主教练（商瑞华、马元安、马良行、王海鸣、张海涛、裴恩才、郝伟、Bruno Bini、高洪波、孙继海、沈祥福）有良好的合作；在 2003 年和 2015 年国际足联女足世界杯期间，作为教练组核心成员，担任中国国家女子足球队复合型团队的负责人；2015 年担任中国国家男子足球队体能康复教练；2017 年担任国家 U-20 男足体能康复教练；2018—2019 年为国家 U-25 男足集训队复合型团队成员。他也是国家体育总局"百人计划"优秀专业技术人才培养对象。

担任职务

中国体育科学学会体能分会委员；国家体育总局教练员学院、竞技体育司、青少年体育司、科教司、各运动项目管理中心教练员岗位培训体能课程专家讲师；全国体育传统项目学校体育师资体能培训师；北京体育大学卓越培训青少年体适能讲师；国家体育总局全国体育运动学校联合会体能课程讲师；青海师范大学讲座教授；中国营养学会注册营养师；湖南省体能训练协会专家委员会专家组成员；广东省针灸学会肥胖专病联盟特聘专家；北京市体育科学学会会员；陕西省体育科学学会会员。

致谢其他合作者

沙恩·马隆（Shane Malone）：训练负荷与监测专业，英国利物浦约翰摩尔斯大学（RISES Liverpool John Moores University）

迈迪·鲁伊西（Mehdi Rouissi）：损伤预防专业，突尼斯国家运动医学与科学中心（National Centre of Medicine and Science in Sports）

卡里姆·查马里（Karim Chamari）：损伤预防与生理学专业，卡塔尔Aspetar 科学研究员（Scientific Researcher）

王培林（Del P. Wong）：生理学专业，中国山东体育学院运动科学研究中心

Willie Vass 图片社 / 格拉斯哥 / 英国

Propaganda 图片社 / 利物浦 / 英国

Yann Le Meur 图文 / @YLMsportScience / 摩纳哥 / 法国

序

沃尔特·史密斯
（Walter Smith）
经历：格拉斯哥流浪
者足球俱乐部、埃弗
顿足球俱乐部、苏格
兰国家队主教练；曼
彻斯特联足球俱乐部
助理教练

近几年，科学知识在帮助球员训练及提升其运动表现方面的作用越来越大。本书讨论了体能训练、执教原则、教练员培训和球员训练之间的联系。

足球教育和研究领域的人会对本书内容产生兴趣，并可以将书中的观点整合到自己的工作之中。书中概括了职业球员在训练和比赛中的体能、技术和战术需求。为了实施特定的战术打法，球队必须具备满足战术打法的体能。

本书内容侧重于训练课的设计，厘清现代足球专项训练的方法。教练要最大限度地将比赛时的技术、战术与体能联系起来，就意味着要在一定范围内增加对技术的分析和特定人员的使用，从而最大限度地提高球员的运动表现、降低球员的运动损伤概率。本书囊括了这些专题内容，同时也反映出亚当是最具创新性的运动表现教练之一，他以科学知识作为足球专项训练的基石。

本书各章节中的训练信息都是可以实施的简单易学的策略。亚当·欧文作为我团队的一员，他在工作中的观念及其扮演的角色，对我们在国内和欧洲比赛中取得成功起到了重要的作用。

沃尔特·史密斯

目　录

1 足球训练与实践

近几年，力图复制正式比赛中的技术需求与体能需求的专项训练方法及应用越来越多（Owen 等，2011；Owen 等，2012；Dellal 等，2010；Koklu 等，2012）。其中得到广泛认同的训练方法是采用各种形式的比赛式训练，这些训练是为了通过专项超负荷来提升球员的专项能力。

小场地对抗训练的有效性来自于它可以同时提高球员的技术能力、战术能力和体能，从而提高训练的效率（Dellal 等，2012）。最近许多研究显示，改变小场地对抗训练的训练参数，如技术限制、战术限制（Dellal 等，2012）、场地面积（Casamichana，Castellano，2010；Kelly，Drust，2009）、球员数量（Hill-Haas 等，2009）和练习时长（Fanchini 等，2011），球员的生理学反应随之而变。这种训练方法产生的良好生理学反应改善了球员的有氧代谢能力，适用于精英级别球员的训练（Jones，Drust，2007；Owen 等，2011；Coutts 等，2009；Rampinini 等，2007；Mallo 等，2008）。

小场地对抗训练是提高有氧代谢能力、技战术能力的有效训练方法（Hill-Haas 等，2011），但与真正的比赛相比，它不能模拟比赛中反复高速跑动和冲刺的需求（Casamichana 等，2012；Gabbett，Mulvey，2008）。这与报道中描述的"天花板效应"一致，因为小场地对抗训练达不到高强度的训练负荷（Buchheit 等，2009）。但一些从事精英足球研究的工作者质疑了这种见解（Owen 等，2012；Dellal 等，2011）。有文献指出，高强度和反复冲刺与比赛的关联性在大场地对抗训练中更高（Hill-Hass 等，2009）。大场地对抗训练在较大场地上进行，使得球员有球的活动减少。同时，在大场地对抗训练中，球员为了摆脱对手或创造得分机会，他们无球时的高速跑动和高强度跑动会增加。

目前，有关中场地对抗训练（Medium-sided Games，MSG）（如

6V6、7V7、8V8）和大场地对抗训练（如9V9、10V10、11V11）的研究很少，这可能是因为这些形式的训练更多地用于技术目的和战术目的，而不是用于提高体能。然而，在中场地对抗训练和大场地对抗训练中，不考虑体能参数和生理学参数意味着漏掉了重要的训练内容和潜在的训练收益，这些收益实际上是中场地对抗训练和大场地对抗训练可以实现的。

关键点：

作者认为，几乎所有的技术、战术练习都有潜在的体能训练作用。技术教练与体能教练应该一起工作，以最佳的形式提高球员的体能。

在精英级别的足球比赛中，教练设计更多专项化的训练方法，并将其最大化地融入周期化的训练计划中是至关重要的。图1-1列出了足球训练分析的高效模型。

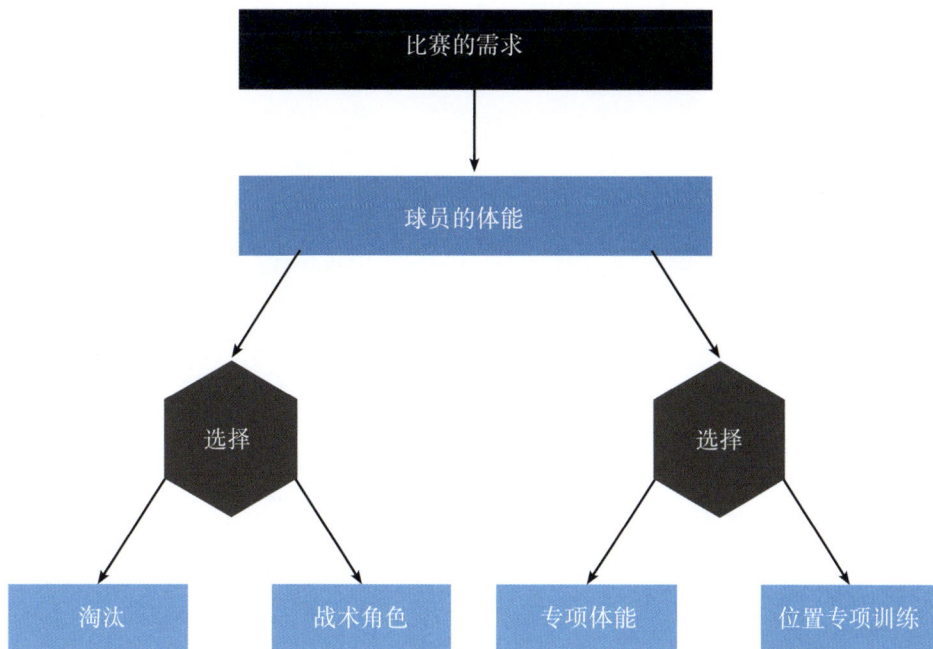

图1-1

（引自 Reilly，2005）

图 1-1 足球训练分析的高效模型

主要运动表现指标与联赛排名趋势

最近的研究显示，足球运动员关键的运动表现参数（如控球时与失球时的高强度跑动距离、冲刺距离和成功传球次数）与联赛中的排名显著相关，图1-2列出了英超部分俱乐部在31场联赛之后的排名趋势与联赛实际排名（PROZONE©，2009）。这表明球员的运动表现指标与球队在联赛中相对成功之间主要的关系，但是需要更高质量的研究加以验证。在本章的后面，有研究揭示了在斯堪的纳维亚半岛精英级别的足球比赛中，运动表现测验与球队成功之间的紧密关系（Arnason等，2004；Hoff和Helgerud，2004）。

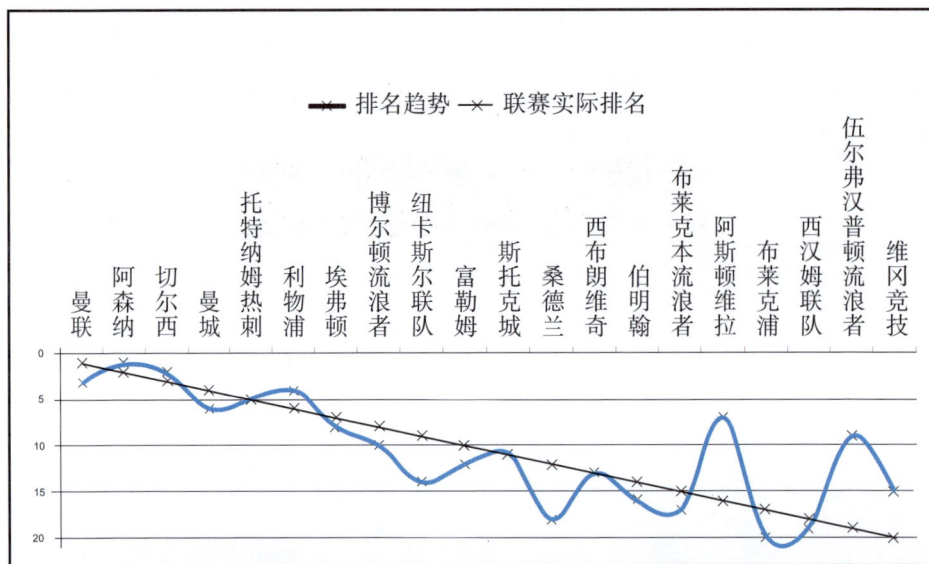

注：趋势线—基于与专项有关的关键的体能参数（如总移动距离、冲刺距离）与技术指标（如控球、向前传球）计算出的各俱乐部在联赛中应有的排名。（PROZONE©，2009）

直线—各俱乐部在联赛中的实际排名。

图1-2 英超部分俱乐部在31场联赛之后的排名趋势与联赛实际排名

1.1 精英足球的周期化训练

什么是周期化

训练周期是众多个人项目和团队项目教练广泛使用的理论之一。"周期化"的概念形成于 20 世纪 60 年代，当时许多生理学家和科学家一起在苏联体育部门工作，他们基于苏联高水平运动训练的经验总结而得（Yakovlev，1955；Zimkin，1961）。"训练周期"这一术语出现并得到发展进而在许多国家推广，成为教练设计和分析训练时最常用的理论之一（Matveyev，1964；Zheliazkov，1981；Bompa，1984）。Issurin（2010）认为，体育运动和运动科学的不断发展有助于拓展知识和证据、提高训练技术，但 50 年前建立的周期化的传统模式没有明显改变。近几年，专业报道和供教练员阅读的期刊建议使用其他训练方法替代训练周期来设计训练，这需要进行（如果有的话）严格的科学考量（Issurin，2010）。

超量恢复理论

超量恢复的过程有四个阶段，这里着重介绍前两个阶段。第一个阶段是实施训练或者施加负荷刺激，身体随之对负荷产生应激反应，这就是疲劳或者疲倦。因为有应激源的存在，球员运动能力的下降是可预测的。第二个阶段是恢复阶段。

Issurin（2010）的研究指出，为了理解训练周期的基本概念，必须了解基本的"负荷-恢复"交互作用或"超量恢复理论"，图 1-3 列出了超量恢复期——一次负荷后运动能力的变化趋势。超量恢复的循环开始于运动员接受体力负荷，这是进一步反应的刺激源。最初的负荷是超量恢复周期的第一个阶段，会产生疲劳，以及导致球员的运动能力受限。

连锁反应（第二个阶段）是球员表现出无明显疲劳的状态。这是完全恢复的结果，可以确保球员的运动能力在此阶段结束时得到提高，一直恢复到训练前的水平。在下一个阶段，球员的运动能力持续提高，超过先前水平并达到顶峰，此反应与超量恢复相对应（Issurin，2010）。

此外，从早期的超量恢复理论的研究中可以得出，包含大量训练课

的训练计划可以在运动员处于疲劳状态下连续进行（Matveyev，1981）。如果训练负荷与身体恢复时间之间的平衡是合适的（图1-4列出了训练负荷与身体恢复时间之间的关联），超量恢复效应才会普遍存在，但这种特殊的效应仅在一个小周期中是积极的，不会出现在一次训练课后。这种形式的训练周期是小周期，为随后的赛前训练期的训练奠定了基础。

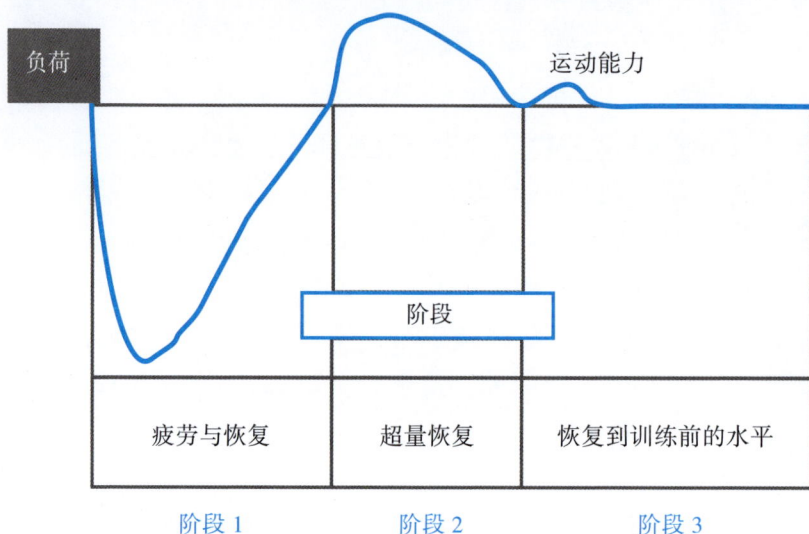

（Issurin，2010）

图1-3　超量恢复周期——一次负荷后运动能力的变化趋势

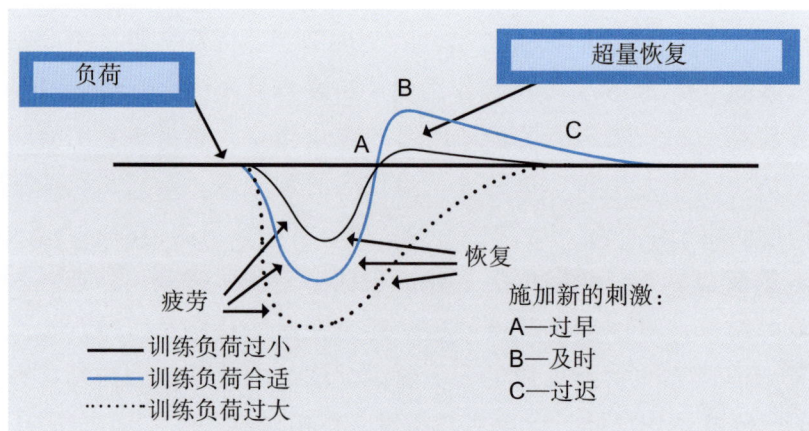

（引自 www.pponline.co.uk/encyc/recovery）

图1-4　训练负荷与恢复时间之间的关联

赛前减量训练

什么是减量训练？

减量训练是在不同的时间内，逐渐减少训练负荷，以降低运动员每天训练的生理应激和心理应激，使其运动表现最佳。

减量训练的策略

运动强度
在减量训练期间应该保持

运动量
训练量为减量训练前的41%~60%，运动表现可以获得最大化的收益

训练频率
训练频率的减少不会改变运动员的运动表现

减量训练的时长
8~14天是疲劳消除与停训负面效应的临界值

减量训练前，较高的训练负荷可以更好地提升运动员的运动表现。在这段时间，训练的重点不是达到过度训练的状态，否则会影响减量训练期间的运动表现的回升。

个体反应

运动员对赛前训练的反应有很大的个体差异，此现象对教练设计训练周期有帮助。如果想要提升运动员的运动表现并使其达到顶峰，教练在设计训练周期时应该做到个性化。

参考文献：Le Mew, Hausswirth & Mujika, Tapering for Competition: A review, Science & Sports, 2012

由 @YLMSportScience 设计

足球的训练周期与疲劳管理

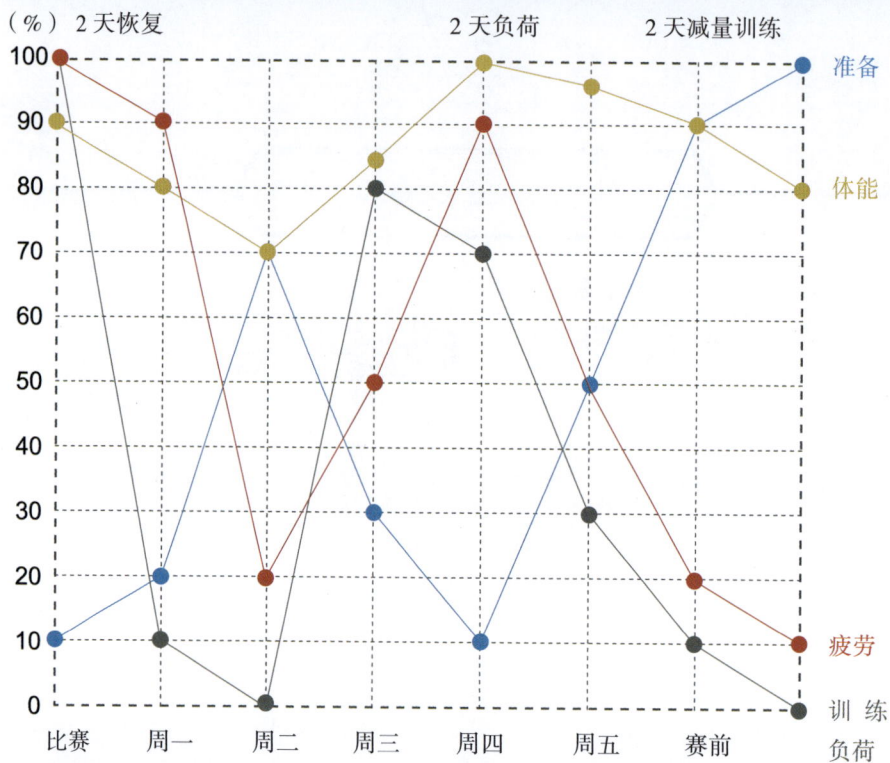

（%） 2天恢复　　　　　　　2天负荷　　　2天减量训练

比赛　周一　周二　周三　周四　周五　赛前

准备
体能
疲劳
训练
负荷

参考文献：

Jan Van Winckle, et al.Fitness in Soccer - The Science and Practical Applications，2013

由 @YLMSportScience 设计

训练周期

多年的准备

在讨论运动训练中的周期性结构时，应该强调训练周期理论是一个系统里设置的按等级水平划分的不同部分。如表 1-1 所示，系统的最上面是多年的准备，球员经过长期（2~4 年）的训练达到运动表现的顶峰（如奥运会、欧洲冠军杯、世界杯）。

表 1-1　周期化训练结构的不同阶段

训练阶段	时长	训练内容
多年的准备	年	年度 / 多年系统化的训练计划，持续 2~4 年
大周期	月	大周期包括准备期、竞赛期和过渡期
中周期	周	包括许多小周期
小周期	日	包括许多训练日，通常为 1 周
训练课	分钟 / 小时	球员个体或者团队的 1 次训练课

（改编自 Issurin，2010）

大周期

大周期被分为数月。根据先前的研究，大周期包括准备期、竞赛期和过渡期（Harre，1973），通常为期 1 年，也可以短至半年，在某些情况下甚至不到半年。

准备期

准备期占大周期的 2/3~3/4 时间，由两部分组成。

•一般准备期：提高球员的有氧代谢能力。

•专项准备期：为提高球员训练的效率，重点发展其足球运动的专项素质。

有些球员除了要参加自己国家的联赛外，还需要参加洲际比赛。如此密集的赛程造成某些球员的过渡期非常短。在理想情况下，教练应在

赛季结束后给予球员大约 3 周的休息时间，这样才可以保证准备期的设计合理并以低强度的训练开始，逐渐提高训练负荷。基于球员的过渡期很短的现实，准备期（如赛季前）也应该随之缩短。尽管这一说法尚无科学依据，但球员可以在 2~3 天的"基础训练"后开始高强度训练。主教练要用合乎需要的技术手段（自觉疲劳程度量表、幸福感量表、心率与 GPS 分析）监测球员的训练负荷，可以指导技术教练和体能教练为每名球员设定个性化的训练负荷。这是笔者所提倡的观点。

竞赛期

竞赛期有很多比赛。当球员面临重大赛事或赛程密集时，教练可采用赛前减量训练，以确保球员在同时期的其他比赛中有更好的体能。

过渡期

过渡期是大周期中的最后一个阶段，对球员的生理上和心理都非常重要。此阶段包括短暂的停训，为下一个训练周期做好身心的完全恢复。

中周期和小周期

Isurrin（2010）提出，训练计划中的中周期（数周）和小周期（数天）是用于球员进行积极性的恢复和康复的。中周期为期 2~6 周，但视不同的运动专项而异。在准备期中，中周期通常包括 4~6 个小周期；在竞赛期中，根据比赛的日程，中周期包括 2~4 个小周期。教练要将中周期融入整体计划中，以确保各个周期之间的有效衔接，同时使球员的身体状态在比赛前达到顶峰。

较短的中周期和小周期是整个训练体系的重要基础。在职业足球中，关于周期化的研究很少，可能是因为职业足球以比赛结果为主导，设计长期的周期化训练会遇到操作性的困难。实际上，训练计划应不断地根据球员的体能进行调整。在职业足球领域，球员在整个赛季中保持最佳的运动表现至关重要。教练可以设计一个总的训练计划，但是精确的负荷安排不应该基于总的训练计划来制订，因为球员的体能输出或运动表现的下降是不会存在于训练计划中的。整个赛季期间，无论对手发挥如何，球员都要保持或提升运动表现。因此，技术教练、医务人员和体能教练更应该基于小周期，至少是基于中周期来监控球员个人或团队整体的运动表现发展趋势（比赛或训练中的体能输出及技术负荷）。

板块周期

先前的研究表明，板块周期在个人项目中连续多年取得过成功（Issurin，Kaverin，1985；Touretski，1998；Breil 等，2010），但板块周期在团队项目中的运用尚不明确（Mallo，2012），因为团队项目如足球的赛季很长，经常有一周双赛。在一篇关于职业足球周期化训练的研究中，《足球体能周期训练设计》（*Periodization Fitness Training*）的作者哈维尔·马洛*（Javier Mallo，2011）运用板块周期理论进行了实践，并对职业足球运动员连续观察了 4 个赛季。哈维尔·马洛的研究中，与足球比赛相关的专项体能素质训练在各个连续的中周期中进行。训练分为三个阶段，每个阶段由 Issurin（2010）提出的三个时期组成。

· 积累板块：Mallo（2011）研究认为，"积累板块"的主要目的是通过高强度的有氧训练来提高球员长时间、高强度间歇性的运动能力。

· 过渡板块：目的是通过速度耐力训练来提高球员的反复冲刺能力。

· 实现板块：每个训练阶段都以"实现板块"结束，通过发展速度的训练来提高球员最大运动强度的能力。

基于上述的训练设计框架，哈维尔·马洛的研究根据每个训练阶段中每场比赛的各个测试点来评估球队是否成功。Mallo（2011）得出的结论认为，由于球员在实现板块的比赛中的成功率最高——球队取得赛季总得分的 59%，所以职业球员的体能训练可以按照板块周期来设计。也就是说，板块周期可以成为职业足球教练在设计训练时的一个选择。

为了使球员的运动表现在赛季的特定阶段达到顶峰，教练可以将与比赛能力相关的身体素质训练在恰当的时间采用特定的训练负荷依次进行。实施正确的训练课与恢复训练课能够帮助球队在合适的时间提高获胜的机会（如设计的训练计划要确保球队重要的比赛处于训练周期的实

---

*编辑注：哈维尔·马洛所著《足球体能周期训练设计》一书由北京科学技术出版社引进并出版。

现板块）。

最近有一项关于板块周期训练理论的研究促进了足球周期训练的进一步发展（Mallo，2012），此研究观察了一支职业足球队使用板块周期后，球员体能的变化。在这个研究中，赛季被分为五个阶段，每个阶段又分为三个连续的板块（积累板块、过渡板块和实现板块）（表1-2）。Mallo（2012）在此研究中，以体能训练所用的时间（分钟）作为运动量的指标，以心率作为运动强度的指标，比较了各个板块的训练负荷（表1-3），每个训练板块结束时对每名球员进行体能测试并进行纵向对比。研究发现：

（1）提高高强度有氧代谢能力的训练时间，积累板块显著多于过渡板块与实现板块；

（2）发展速度耐力的训练时间，过渡板块多于积累板块与实现板块；

（3）发展速度的训练时间，实现板块多于积累板块与过渡板块。

这些体能测试指标的改善是因为训练量降低了，以及随之而来的超量恢复效应。从体能的角度来看，与前两个板块相比，球员在最后一个板块的纵跳高度、10米冲刺速度均有明显提高；与赛季开始阶段相比，球员在最后一个板块的YoYo间歇性恢复测试（级别1）的跑动距离提高了26%~30%。这些结果表明，板块周期可以作为教练设计训练计划时的方法，尤其是球队的主要目标是让球员在赛季末达到体能顶峰的情况下。赛季末是本赛季中争夺杯赛冠军、提升欧洲排名或避免降级的关键阶段。

总体而言，周期化被认为是教练设计训练计划和系统化地调整训练变量的结构性框架，以最大化地产生专项训练的适应性为首要目标（Gamble，2006；Kelly，Coutts，2007）。

根据最近的研究，在团队项目中，典型的周期化模式通常遵循一个逻辑流程，即一般准备期、专项准备期、赛前期、竞赛期（Dawson，1996）。尽管人们尝试将特定的专项周期化理论运用到足球运动中，但仍然需要更多的研究来确认其在精英足球领域的应用。足球运动中包含多变的技术、战术（技战术打法——控球与失球）和体能因素，因此专项周期化理论在足球领域需要进行持续不断的研究。尽管在周期化训练基础上强调比赛结果（如取得积分）或提高球员的运动表现会有很多的困难，然而它开辟了一个可以进一步研究的领域，图1–5列出了哈维尔·马洛所观察的职业足球队与西班牙第三级别球队比赛时，中周期内积累、过渡、实现三个板块内赢球的积分与总积分的百分比。

表 1-2　足球赛季中周期化模型

体能测试 1			体能测试 2			体能测试 3		
积累	过渡	实现	积累	过渡	实现	积累	过渡	实现
第一训练阶段			第二训练阶段			第三训练阶段		
1　2	3　4　5　6	7	8　9	10　11　12　13	14　15	16　17	18　19　20	21　22　23

体能测试 4			体能测试 5		
积累	过渡	实现	积累	过渡	实现
第四训练阶段			第五训练阶段		
25　26	27　28　29	30　31	32　33　34　35	36　37　38　39　40	41　42　43　44

（引自 Mallo，2012）

注：最后一行代表第几周。

表 1-3　在训练框架的每个阶段内每周的平均训练时间／分钟

体能训练类型	积累阶段	过渡阶段	实现阶段
热身	47.4 ± 8.5	46.1 ± 5.1	47.2 ± 12.3
低强度有氧	8.8 ± 22.2	2.0 ± 5.5	0.0 ± 0.0
高强度有氧	39.2 ± 22.6	6.9 ± 10.5 ***	2.7 ± 6.6 ***
健身房力量	36.5 ± 23.4	16.2 ± 11.1 *	13.7 ± 10.3 **
速度耐力	2.8 ± 4.0 $^{\$\$\$}$	21.0 ± 10.1	9.3 ± 12.4 $^{\$}$
速度	9.3 ± 6.5 $^{\#}$	10.5 ± 10.4 *	21.1 ± 12.4

续表

柔韧	29.0 ± 14.6	22.5 ± 7.6	21.4 ± 2.4
体能训练类型	积累阶段	过渡阶段	实现阶段
其他方面	3.7 ± 4.5	6.6 ± 5.0	6.5 ± 6.7

（引自 Mallo，2011）

注：*—与积累阶段有显著差异（$P<0.05$），**（$P<0.01$），***（$P<0.001$）。

　　$ —与过渡阶段有显著差异（$P<0.05$），$$$（$P<0.001$）。

　　#—与实现阶段有显著差异（$P<0.05$）。

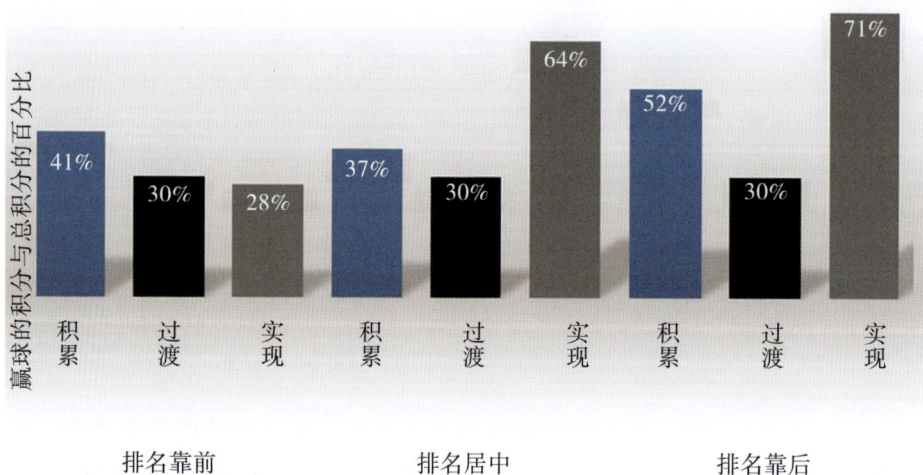

（引自 Mallo，2011）

注：排名靠前—排名 1~6 位。

　　排名居中—排名 7~13 位。

　　排名靠后—排名 14~20 位。

图 1-5　哈维尔·马洛所观察的职业足球队与西班牙第三级别球队比赛时，中周期内积累、过渡、实现三个板块内赢球的积分与总积分的百分比

21 世纪的周期化训练是以证据为主导还是由传统驱动？

参考文献：John Kiely, International Journal of Sport Physiology and Performance, 2012

观察结果

推理：从历史上预先认定的最佳训练结构向以适应性准备应对新兴信息为特征的哲学转变。

1 每名球员对相同的训练课产生的反应是不一样的。

2 同一名球员对相同的训练课产生不同的反应，这取决于球员身体各器官系统在训练中的功能状态。

3 当以组为基础的模式和观测值具体应用到单个球员时，可能会引起极大的误导。

4 贯穿于所有训练环境的最佳的模式、时间框架或进程、训练负荷方案是极不可能存在的。

现实意义

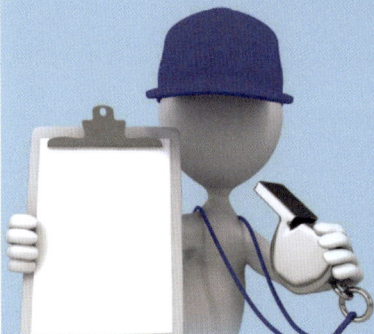

1 偏离预先设定的路径是可以的，教练应当积极地探索。训练管理体系应当有促进和引导作用，教练应持续不断地调整。

2 有效训练过程中一个关键的组成部分是系统化地获得和审查相应的资料，进而利用这些资料，发挥它们在未来训练的导向作用。

由 @YLMSportScience 设计

训练负荷与减量训练策略

应用和整合科技手段，从内部负荷与外部负荷两个方面监控训练，关注练习手段和比赛阵型可以更好地刺激比赛的技术、战术和体能需求，这些已经引起了教练的关注。总体而言，当前在精英足球领域，周期化训练的普遍实践及效果仍然缺少足够的理解与报道。

Malone 等人（2014）在最新的一项研究中对一支英超球队赛季的训练负荷进行量化，观察到训练负荷的周期化与赛前 1 天有关，而在赛前 2 天至赛前 5 天没有明显的差异。

此外，Owen 等人（2016，未发表的资料）分析了欧洲精英足球运动员在赛季内的中周期训练，量化了不同位置球员的体能需求特征，介绍了球员在准备比赛过程中使用的特殊减量训练方法。结果显示，教练使用特殊减量训练方法可以维持一个统一和结构化的中周期训练计划，与此同时，球员在小周期中的训练负荷有明显的变化。随后，这种减量训练的策略明显地降低了球员在赛前 48 小时内的身体应激，并减轻了球员疲劳积累的反应。另外，此研究还揭示了场上各个位置的球员在特殊减量训练中有不同的反应，进一步强调教练根据球员各自场上位置的训练负荷进行个性化训练的重要性。

教练应明确减量训练策略适合精英级别的球员。因此，为了使球员的运动表现最优化，在临近比赛时减轻球员的疲劳，教练应在小周期中对运动员施加超负荷的刺激。

1.2 一周一赛与一周双赛的区别

当前，精英级职业足球要求球员具备从比赛和高强度训练周期中快速恢复的能力。这表明球员高强度和高速度的持续对抗能力以及快速恢复能力是运动表现的关键因素（Mohr 等，2005）。

整个赛季施加于球员的体能、技术和心理的负荷通常取决于团队的成功（如冠军联赛、欧洲联盟杯或国内杯赛的获胜场次）和球员个人的成功（如入选国家队、世界杯和欧洲锦标赛等）。精英职业足球运动员通常每 3~4 天就要踢 1 场比赛，赛间的恢复时间仅有 2~3 天。表 1-4 列出了精英级球队在欧洲联赛中的比赛场次。

表 1-4　精英级球队在欧洲联赛中的比赛场次

国家（联赛）	联赛场次	杯赛场次	国家杯场次	冠军联赛场次	其他俱乐部的比赛场次	国家队比赛场次	最少比赛场次	最多比赛场次	夏季假期/天
西班牙（西甲）	38	1~10	0	6~15	2~4	4~11	51	78	30~41
英格兰（英超）	38	1~9	1~9	6~15	2	4~11	52	84	40~55
德国（德甲）	34	1~5	1~6	6~15	1	4~11	47	72	41~53
法国（法甲）	38	1~5	1~6	6~15	2	4~11	50	77	25~35
意大利（意甲）	38	2~11	0	6~15	1	4~11	51	76	41~53

（引自 Dellal 等，2013）

赛程密集期间的身体准备

在赛程密集期间，球员维持和提高体能不仅仅取决于比赛前的体能，而且还取决于球员在承受多种负荷之后（如比赛、训练）的身体组织结构、生物化学、心理学方面的恢复与再生能力（Ekstrand 等，2011；Hagglund 等，2005）。

最近的研究观察了职业足球运动员在赛程密集期间的体能状况和损伤发生率（Carling 等，2012；Carling，Dupont，2011）。有趣的是，研究结果显示，球员在赛程密集期间连续进行比赛，各种速度的身体移动距离和损伤发生率没有明显的差异。在这个研究领域，许多学者完成的重要研究结果显示，球员的高强度跑动与损伤发生率在密集赛程期间、身体恢复时间最短的情况下会保持不变（Carling 等，2010；Carling 等，2012）。

然而，这些研究具有局限性，需要谨慎看待以下研究结果：

（1）各研究中的样本量在每场比赛中都不一样；

（2）每场比赛只有 6 名运动员作为首发球员或者替补球员；

（3）只有 1 名场上球员参加了本研究中所涉及的全部比赛。

因为上述的局限性，需要进一步深入研究和观察密集赛程和各场比赛之间的短期恢复对精英职业球员体能与损伤发生率的影响。

除此以外，Dupont 及其同事（2010）研究了一周一赛与一周双赛的差异。此研究的重点是球员在 7 天内完成 2 场比赛的身体恢复时间。研究结论为：

（1）球员在连续的 2 场比赛之间有 72~96 小时的恢复时间可以保持体能（如高强度跑动与冲刺距离没有明显差异）；

（2）在试图降低受伤率的情况下，72~96 小时的恢复时间是不够的；

（3）从实践的角度来看，此研究的结果建议球队在训练时增加球员数量、比赛时轮换场上球员、使用损伤预防技术，以及改进恢复策略，其目的是在赛程密集期间降低球员受伤的概率。

运动强度、运动量与训练负荷的影响

目前在比较一周一赛和一周双赛的差异时，针对运动强度、运动量与训练负荷的研究很少。在有限的研究中，有一篇文献对一支英超球队在为期20周的赛季中的一周一赛和一周双赛进行了比较（Owen，Wong，2009），结果显示，与每周无比赛的情况相比，球队在一周一赛和一周双赛时，球员每周高强度的负荷量分别下降27%和67%，表1-5列出了球员基于每周比赛场次的高强度训练量。

表1-5　球员基于每周比赛场次的高强度训练量

每周比赛场次	与每周无比赛相比，高强度训练的减少数量 / %	每周高强度训练量 / 分钟	
		平均值	标准差
0 场 / 周	—	55.57	6.14
1 场 / 周	25.70	41.29	9.55
2 场 / 周	67.30	18.17	8.29

（引自 Owen 和 Wong，2009）

注：高强度训练量—85%HR$_{max}$ 强度以上的训练时间（分钟）。

关键点：

要在赛程密集期间降低球员受伤的概率，在训练时增加球员数量、比赛时轮换场上球员、采取损伤预防技术，以及改进恢复策略是必不可少的。

同样，Impellizzeri 等人（2005）报道，一支意大利职业足球队在其训练周中，一周双赛时每周的训练负荷量减少50%，如图1-6、图1-7所示。此外，一周一赛时每周的训练负荷量减少25%，这与 Owen 和 Wong（2009）的研究结果相似。为了量化球员在比赛中的有氧供能和内部负荷，进一步了解球员的身体负荷、训练效果与恢复手段，最大限度地提升球员的体能水平，成熟的规划和验证方法至关重要。

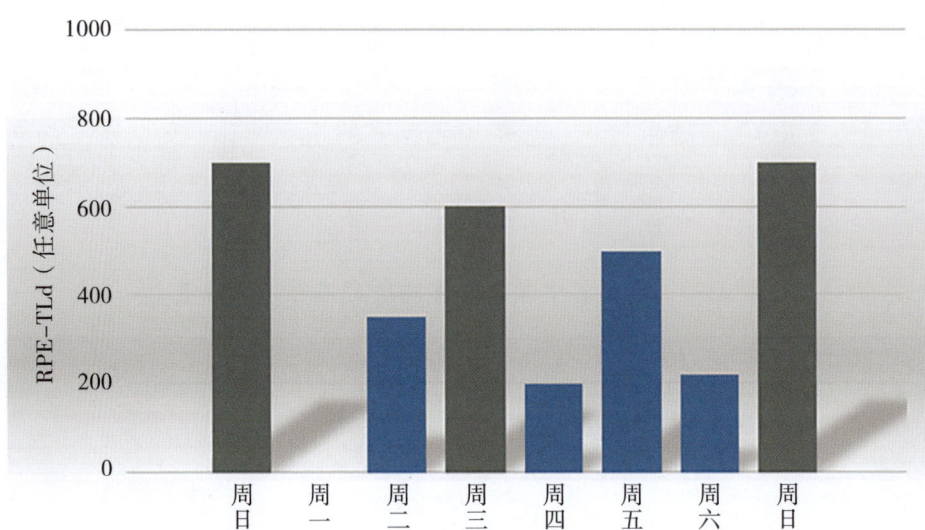

（引自 Impellizzeri 等，2005）

注：灰色表示比赛日、蓝色表示训练日。

RPE-TLd—主观体力感觉–训练负荷（主观体力感觉 × 训练时长）。

图 1-6　一支意大利职业球队的一周训练安排—— 一周双赛

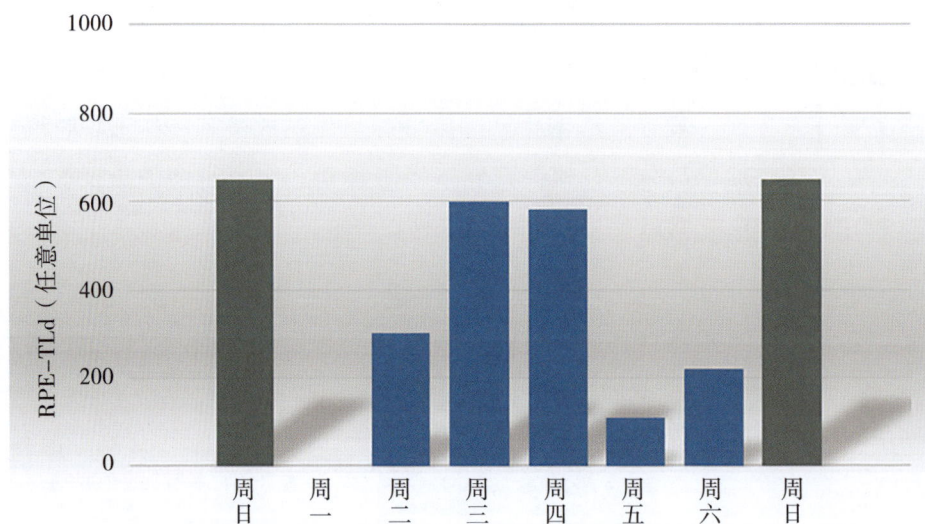

（引自 Impellizzeri 等，2005）

注：灰色表示比赛日、蓝色表示训练日。

RPE-TLd—主观体力感觉–训练负荷（主观体力感觉 × 训练时长）。

图 1-7　一支意大利职业球队的一周训练安排—— 一周一赛

为替补球员和从未参赛的球员制订训练计划

与一周双赛相关联的一个主要问题是平衡首发球员与非首发球员的训练负荷。显然，在一周双赛时，首发球员的训练负荷会减少（如前所述）。教练组需要关注替补球员和从未参赛的球员的训练，并区别对待。精准地监测不同球员的状态，是教练组执教效率的体现。

教练要确保替补球员和从未参赛的球员在正确的时间以正确的方式来弥补缺席全场比赛的不足（如预备队比赛、高速与高强度训练）是非常重要的，因为他们在整个赛季中会成长为重要球员。

当替补球员和从未参赛的球员被要求轮换常规首发球员时，这些球员若体能下降则会造成不良后果。从实践而言，技术教练和体能教练如不制订针对不同球员的训练方案，队内球员的体能就会出现两极分化的情况：

（1）首发或主力球员通过常规训练和比赛可以提高体能；

（2）替补球员和从未参赛的球员进入到"停训状态"，他们的体能和心理关注度会逐渐下降。

关键点：

确保替补球员和从未参赛的球员在正确的时间以正确的方式来弥补其比赛时间的不足（如预备队比赛、高速与高强度训练）是非常重要的，因为他们在整个赛季中会成长为重要球员。

赛程密集对球员的影响

对技术能
力无影响

免疫功能下降

应激性恢复指数
可能下降但不会整体性下降

运动表现可能下
降但不会整体性
下降

高度重视场上球员的轮换与赛后恢复策略

肌肉损伤发生率可能增加
但不会整体性增加

团　队

参考文献：
Dupont et al. Int J Sports Med, 38(9), 2010
Carling et al. Int J Sports Med, 33(1), 2012
Bengtsson et al. Br J Sports Med, 47(12), 2013
Dellal et al. Br J Sports Med, 2013
Rollo et al. Int J Sports Physiol Perform, 9(3), 2014
Morgans et al. Res Sports Med, 2014
McCormack et al. Int J Sports Physiol Perform, 2014

由 @YLMSportScience 设计

精英球员
在赛程密集期间的技术能力与体能

（引自 Fogaldo 等，JSS，2015）

一支英超球队在一个赛季的

6 场主场比赛。

至少在 **6** 天以上的时间内踢了 3 场比赛。

3 天踢了 3 场比赛。　**体能表现**：指标为总移动距离和各速度区间内的距离。

战术表现：指标为球员整体移动所占时间百分比（横向与纵向的移动）。

结 论

1 尽管球员整体移动时间在非赛程密集期间较多，但球员的体能表现与赛程密集期间相比无差异。

2 球员整体移动时间的差异在较低速度区间内尤其明显。按照球员场上位置比较，球员移动时间的差异更大，表现典型的是中路球员和边路球员。

提示

　　这些数据引起了教练的兴趣，因为球员或许需要特殊的恢复措施以满足比赛对体能的需求。如在赛程密集期间，移动能力比较差的球员可以从以下训练课获益：场上位置训练、整体移动训练和体能恢复相关的训练。

1.3 现代足球中的体能训练

如果球员的体能达不到位置职责的要求，那么主教练与教练组应该如何确定球队的技战术打法呢？

无论比赛的级别如何，每支球队在训练课上维持和提高关键的体能素质至关重要（Koutedakis，1995）。比赛对球员身体素质的要求因球员在场上的位置而异，因此提高球员的体能是一个非常复杂的过程。

精英级足球比赛存在许多方面的竞争。在一个赛季的不同阶段（如赛季前、赛季中、赛季末），球员保持并提升技术、战术、心理、体力和生理方面的能力，是球队达到最大运动表现及取得成功的基础。（图1-8）

根据当前文献报道，功能性体能训练（如间歇性耐力练习、位置专项练习、各种小场地对抗训练）由于其高效以及同时而非单独地发展球员的技术、战术和体能，而在精英足球领域越来越流行（Hill-Haas 等，2011；Owen 等，2011；Owen 等，2012；Dellal 等，2011；Dellal 等，2012）。根据 Kelly 和 Coutts（2007）的研究，教练会持续遇到如何在竞赛期采用适宜的训练负荷的问题，要确保球员体能训练负荷达到比赛要求的同时兼顾其他内容的训练，而不是忽略之。

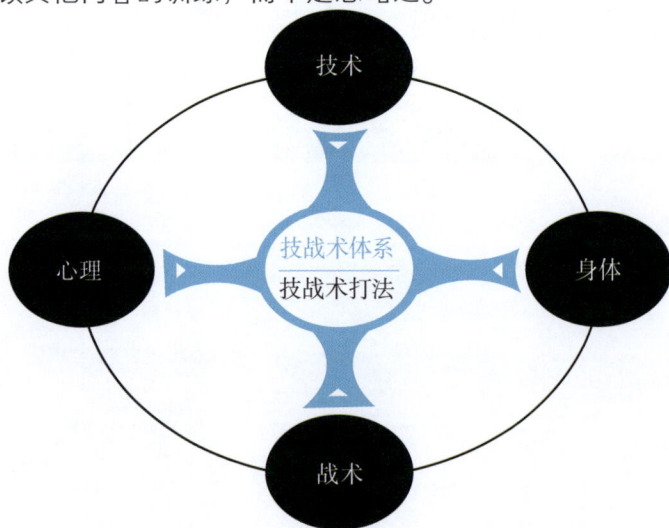

图 1-8 足球比赛关键部分的相互作用示意图

赛季前

为评价训练方法的优势与不足，以及训练效果，在足球训练中对训练计划进行评估至关重要。在赛季前的训练阶段，技术教练和体能教练对球员进行结构化、周期化的训练，在可控的过程中提升球员的体能、技术能力和战术能力。

从赛季前的训练阶段开始，由于国内联赛、欧洲联赛和国家队的比赛密集的赛程安排，以及与之相随的旅途、后勤等问题，教练组和球员的压力陡增，所以不断地提高球员的比赛能力是在控制较少的过程中进行的。

在赛季前训练阶段前后对球员关键的体能指标进行测试可以帮助教练发现球员的短板，然后设计针对性的训练来改善球员的不足。

在整个赛季前训练阶段，训练的重点是针对与足球专项有关的肌群和供能系统的训练，以使机体产生积极的适应性变化，提高球员的有氧耐力、力量、速度和功率（Dellal，2008）。在进阶到赛前准备期之前，训练重点先是提高球员的一般体能，然后是提高球员的专项体能。（图1-9）

关键点：

在整个赛季前训练阶段内，训练的重点是针对与足球专项有关的肌群和供能系统的训练，以使机体产生积极的适应性变化，提高球员的有氧耐力、力量、速度和功率。

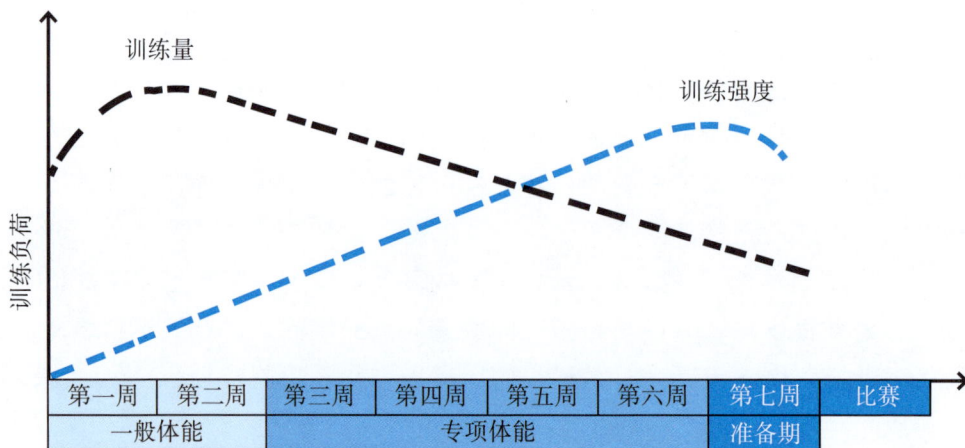

图1-9 整个赛季前训练阶段的训练负荷（训练量和训练强度）的发展

当前文献中对力量和高强度有氧训练适应性的特征一直存在争论。以前有学者质疑了在一段有限的时期内同时提高足球体能中一种以上素质的可能性（Dudley，Djamil，1985；Bishop等，1999；Sale等，1990）。同时，先前的研究表明，如果球员同时进行高强度有氧训练和力量训练，高强度有氧训练则会抑制或干扰力量发展（Chromiac，Mulvaney，1990；Hennessy，Watson，1994）。

先前的研究观察了球员同时进行有氧训练和力量训练产生的生理学效应，结果表明，没有系统的方法来研究这两种训练方法的"干扰现象"（Docherty，Sporer，2000）。这可能是因为单个实验室只关注某一种特定的训练方法或者训练模式，以及围绕训练模式和训练方法进行了一系列的调查（Leveritt等，1999）。由于发展球员有氧功率和力量的不同训练方案会产生不同的生理适应，Docherty和Sporer（2000）提出了一个可以进一步研究"干扰现象"的科学检测方法。为了预测同时发展球员有氧耐力和力量时，哪种训练方法会产生较高或者较低的干扰风险，Docherty和Sporer（2000）提出了如图1-10所示的模型。该模型还可能推导出一个类似的理论，使不同身体素质间的干扰效应得到系统化的发展。

图1-10的模型是为了观察球员同时进行有氧训练和力量训练而提

出的，主要的关注点是训练强度的把握。模型显示，训练强度与训练量呈相反的关系。根据 Docherty 和 Sporer（2000）的研究，正常情况下，随着训练强度（举起的重量）与有氧训练的强度（$\%VO_{2max}$）的提高，训练量（时间、组数 × 次数）将下降。依此模型可以假设，当球员使用高强度间歇训练以发展有氧功率、使用大负荷量训练方案以提高力量时，干扰效应是最大的。

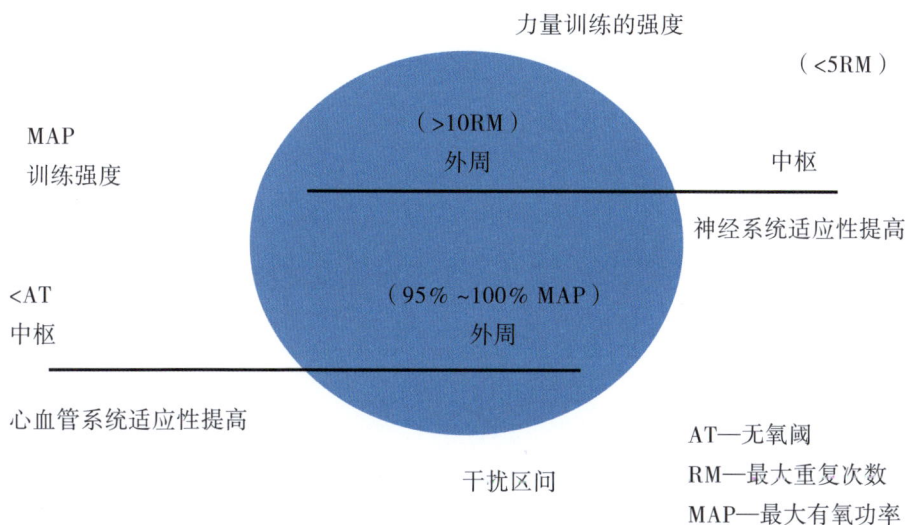

图 1-10 训练的干扰现象

最近的研究肯定了球员在赛季前的训练阶段同时进行肌肉力量训练和高强度间歇训练的效果。Wong 等人（2010）总结如下：

（1）在赛季前的训练阶段，球员同时进行肌肉力量训练和高强度间歇训练，可以提高爆发力、间歇性有氧耐力与持续性有氧耐力；

（2）最大限度地降低"干扰现象"（如前所述）。当同时进行肌肉力量训练和有氧训练时，力量训练推荐采用高负荷，重复次数少（6 次、4 组，组间间歇 3 分钟）的方式；

（3）高强度间歇性跑动（如球员以 120% 最大有氧速度跑动 15 秒，然后被动恢复）可有效地提高球员的有氧耐力（Dellal 等，2010）。

除了 Wong 等人（2010）卓有成效的研究以外，Hoffman 与 Helgerud

（2002）、Vieira 等人（2012）揭示了以 60%~85% 的力量训练负荷的结构化训练计划可以在赛季前训练阶段提高球员的爆发力（蹲跳）、10 米冲刺速度，以及其他的体能测试指标。

当讨论赛季前训练阶段提高球员的有氧耐力水平时，McMillan 等人（2005）设计了一个作为高强度有氧间歇性训练（4×4 分钟，90%~95%HR$_{max}$）部分内容的沿规定路线带球跑的练习，发现可以将职业球员的 VO$_{2max}$ 从低水平提升到中等水平，进而提升到参加冠军联赛球员的水平，而且对球员的力量、跳跃以及冲刺无负面影响。

尽管 McMillan 等人（2005）、Helgerud 等人（2001）的研究揭示了球员有氧代谢能力的提高对速度和功率的发展无不良影响，但"足球专项"干预的性质应被质疑。从最近的文献来看，与 Owen 等人（2011）的建议一样，现在的教练倾向于通过调整小场地对抗训练（3V3、4V4）中的人数来进行超负荷训练。根据 Dellal 等人（2011）的研究，这样的训练可以更好地激发球员的训练动机，更能契合专项动作与供能系统的特点。

总的来说，对大多数职业足球俱乐部而言，赛季前的训练对球员持续参加本赛季中的训练和比赛至关重要。研究结果表明，如果运动科学家、技术人员和医务人员没有制订周期化的工作方案，也没有循序渐进地提升球员的体能，那么在整个赛季前训练阶段，球员由于训练负荷过重，就会出现较多的损伤。Owen 等人（2013）发现赛季前训练阶段中球员的损伤大多数是肌肉损伤，这可能是由于训练负荷增加或训练计划的周期性设计缺乏。到目前为止，研究者们没有意识到有文献支持缺席赛季前训练阶段大部分训练课的球员会在赛季中有较高损伤风险的观点。然而，这还需要有进一步的研究来证实这个说法。

关键点：

（1）在赛季前的训练阶段，球员同时进行肌肉力量训练和高强度间歇训练，可以提高爆发力、间歇性有氧耐力和持续性有氧耐力。

（2）如果运动科学家、技术人员和医务人员没有制订周期化的工作方案，也没有循序渐进地提升球员的体能，那么在整个赛季前训练阶段，球员由于训练负荷过重，就会出现较多的损伤。

抗阻训练与耐力训练之间的干扰
训练参数的作用

参考文献：Jackson J. Fyfe · David J. Bishop · Nigel K. - Stepto Sports Medicine,2014

同期训练被定义为在一个周期化的训练计划中同时进行抗阻训练和耐力训练。这些训练方式的联合可能会给球员带来一些潜在的额外效果。当前的证据表明，与单独进行抗阻训练相比，同期训练可能会增加球员的肌肉质量、提高球员的力量和功率。

特定的同期训练参数或许在分子水平产生更糟糕的干扰现象，或间接地降低抗阻训练本身的"质量"，或直接提高具有抑制蛋白质合成作用的蛋白活性，或提高促进蛋白质分解的蛋白活性。因此，教练了解这些训练参数对干扰现象的影响，对如何最大限度地同时发展球员的肌肉质量、力量和功率极其重要。

1. 一堂课中的训练顺序

有氧训练之后紧接抗阻训练，会下调合成代谢的信号通路。加强合成代谢的活动，这可能是抗阻训练的急性效果。推荐这两种训练形式均安排足够的恢复时间以使急性干扰最小化。如果抗阻训练和反复冲刺训练安排在同一堂训练课中，则推荐先进行抗阻训练，再进行反复冲刺训练。

2. 间隔时长

在不损害运动表现或者不影响调节蛋白质合成和线粒体生物分子合成的分子应答的情况下，多种训练形式可以合理地安排在同一天。

3. 耐力训练的强度

与较低强度的耐力训练相比，高强度的耐力训练可能会增强急性分子干扰。较高强度的耐力训练也会抑制力量的发展。与此同时，低强度的持续训练可以产生较少的疲劳。较高的训练强度与主要出现在Ⅱ型肌纤维中的糖原消耗的增加有关，这可能显著地增加球员的疲劳感。

4. 耐力训练的训练量

每周耐力训练的总量或训练频率是否是同期训练中干扰现象的一个较关键的因素仍然有待于验证。如果耐力训练的训练量是关键，那么在通过限定任何可能与训练量相联系的干扰效应进行同期训练时，小负荷量的高强度间歇性训练或许是有益的。与此同时，球员会产生与传统耐力训练相类似的代谢和获得运动表现方面的收益。

5. 耐力训练的形式

大多数关于同期训练中干扰现象的研究中，首先采用的是跑步，其次是骑自行车。与骑自行车或游泳相比，关于跑步训练对运动后骨骼肌急性适应性应答的研究较少。

由 @YLMSportScience 设计

一个好的赛季开始很重要

参考文献：Lago-Peñasa & Jaime Sampaio, J Sports Sci, April,2015

英超、法甲、西甲、意甲、德甲俱乐部的比赛能力与年度预算分析

连续分析 3 个赛季
从 2010—2011 赛季到 2012—2013 赛季。

在赛季开始时，球队比赛表现越好，在赛季结束时的排名越靠前。

据报道，对于预算较低的俱乐部来说，拥有一个良好的赛季开局尤为重要。

建议

为了加快球队达到最佳运动表现的进程，中低档预算的俱乐部可以通过微调赛季前的预算来获益。

赛季中

为了提高球员的体能并使其在整个联赛中保持良好的体能水平，体能教练、技术教练和战术教练必须以团队的形式协同工作。这种工作方式能够确保球员的训练数据得以分析和监测，从而给球员提供正确的刺激强度，从而提高球员的体能、减少超负荷训练及降低与疲劳相关的受伤概率。在关于精英水平的职业足球领域的科学文献中，训练强度和训练量的监测和报道的方式多种多样。如今的顶级职业足球队普遍采用多种技术设备，如心率检测仪（Heart Rate Monitor, HR）（Owen 等，2011；Bangsbo 等，2006）和全球定位系统（Globa Positioning Systems, GPS）来监测球员的运动负荷（Koklu 等，2012；Owen 等，2013）。HR 和 GPS 系统可以监测球员的外部负荷（如距离、速度）和内部负荷（如心率）。除了监测球员的训练强度和训练量的科技设备，以前和最近的研究都支持使用自觉疲劳程度量表作为有效且时间效率高的方法来计算球员整堂训练课的强度，包括小场地对抗训练、速度、技术、战术、体能和增强式训练的强度（Coutts 等，2009；Impellizzeri 等，2004）。

在精英级职业足球队中，任何特殊的问题都会影响球员每周或每个月的训练强度，如对手的实力、两场比赛之间的训练天数，以及赛程密集期间大量的客场旅途等。教练将这些因素作为一个整体来考虑，就会有助于设计每周和每个月的训练计划。Kelly 和 Coutts（2007）针对团队项目提出了一个模型，可以帮助教练通过预估比赛的负荷来确定正确的训练负荷。（图 1-11）

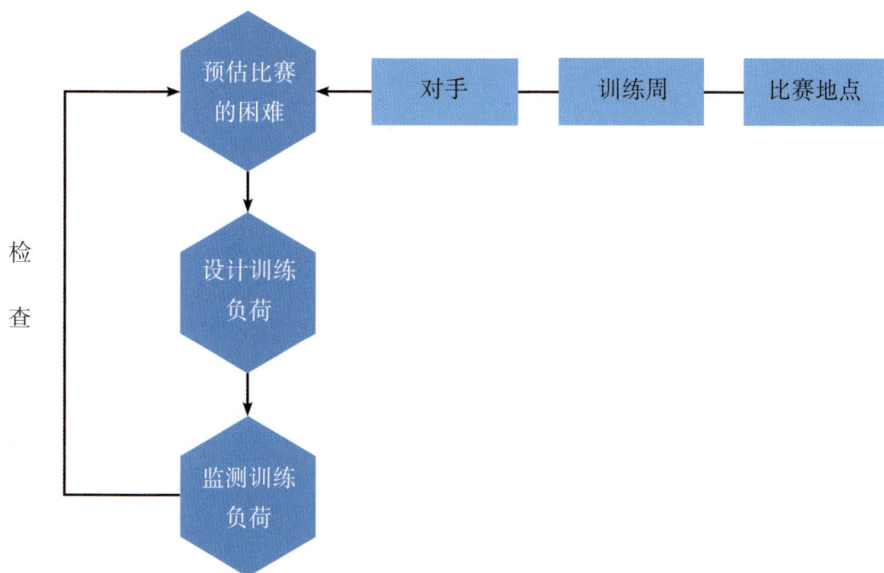

（引自 Kelly 和 Coutts，2007）

图 1-11 比赛负荷预测系统

Cormack（2001）的研究提出了一个类似而崭新的方法，为澳大利亚足球联赛的球队制订了一种可行的高级规划模型。该模型中，客场旅途对训练天数的影响是一致的，而且模型本身就关注了比赛之间的训练天数。这个研究揭示出为了使球员最大限度地进行身体恢复，并同时发展技战术能力，教练应如何调整小周期的训练（Cormack，2001）。研究表明，赛季中训练计划的成功受多种因素的影响，如技术教练对训练过程的理解，球员在训练、休息与身体恢复之间的平衡，以及教练对球员训练强度与训练量的监测。Cormack（2001）建议，技术教练对各种比赛场景、比赛结果能凭直觉做出反应是当前的趋势，而不是遵循一个特定的计划。

Kelly 和 Coutts（2007）通过他们的模型提出，教练在准备一场困难的比赛时（如对手实力强、准备时间有限、客场旅途漫长），明智的做法是设计训练负荷相对轻松的一周训练计划以减少训练负荷，尽可能消除球员的疲劳。相反，比赛后有充足的恢复时间，紧接着是在主场与

对手较弱的队比赛，则可以增加训练负荷，积极地提高球员的体能。球员进行足球专项训练，其技术能力、战术能力和体能将更有效地得到加强。

自觉疲劳程度量表

教练可以根据 Kelly 和 Coutts（2007）提出的预测系统如图 1-11 所示，要求球员对照 1~10 刻度的自觉疲劳程度量表指出每个练习所对应的主观体力感觉值。其中：1 代表球员完成动作轻松、容易，10 代表球员完成动作很困难。主观体力感觉与训练时间（分钟）的乘积就是训练负荷。如此简单的系统就可以高效地量化团队项目的训练负荷。

Kelly 和 Coutts（2007）提出的模型，其重点是用一个简单的方法来预测团队项目比赛的困难程度，并结合主观体力感觉来指导团队项目的训练。在设计赛季中的训练（如竞赛阶段）时，比赛负荷预测系统便于教练预测每次比赛的困难，并依此来设计一周的训练负荷，以及把握整体训练计划。

关键点：

（1）对手的实力、两场比赛之间的训练天数以及赛程密集期间大量的客场旅途等都会影响球员每周或每个月的训练强度。教练将这些因素作为一个整体来考虑，就会有助于设计每周或每个月的训练计划。

（2）在设计赛季中的训练（如竞赛阶段）时，比赛负荷预测系统便于教练预测每次比赛的困难，并依此来设计一周的训练负荷，以及把握整体训练计划。

赛季中的无氧代谢能力和有氧代谢能力

前面我们讨论了在赛季前阶段围绕有球和无球的情况提升球员的各种身体素质。在赛季中，训练的首要任务是提高球员的技战术能力，并确保球员能维持体能（Dupont 等，2004）。由于激烈的对抗赛会消耗球员较多的能量，因此建议球员保持每周的训练负荷不变，以避免过度疲劳或出现过度疲劳综合征的早期症状（Dupont 等，2004）。最近的研究声称在整个赛季中，球员的有氧耐力都有所提高（Haritonidis 等，2004；McMillan 等，2002；Metaxas 等，2006）。McMillan 等人（2005）的研究也报道，球员在赛季中恒定跑速下的血乳酸值较低，表明球员的体能有提高。在这种情况下使用心率监测工具时发现，球员在赛季末期同等运动强度下的心率与赛季初期相比较低。

在赛季中，足球专项训练和非足球专项训练的干预均能提高球员的无氧代谢能力和有氧代谢能力。以前的研究称，在赛季中对球员进行高强度非足球专项训练干预，球员的 VO_{2max}（Hoff，Helgerud，2004；McMillan 等，2005）和最大有氧速度（Maximal Aaerobic Speed，MAS）（Dupont 等，2004）均有提高。此外，赛季中周期化的小场地对抗训练干预显著提高了球员的反复冲刺能力（如冲刺时间、总冲刺时间、速度下降率三个指标均减少），如表 1-6 所示（Owen 等，2012）；球员的跑步经济性也有所提高，表现在耗氧量和心率降低。从该研究的结果可以得出这样的结论：足球专项训练可以替代传统训练来使球员在赛季中的体能提高到一个较高的水平。据笔者所知，Owen 等人（2012）的研究是唯一一个发表在期刊上揭示小场地对抗训练对精英球员体能影响的文献。

表 1-6　小场地对抗训练干预对球员运动表现的影响

RSA	PRE-SSG	POST-SSG
10 米快速冲刺时间 / 秒	1.77	1.75
20 米快速冲刺时间 / 秒	3.08	3.06
总冲刺时间 / 秒	18.96	18.61
下降百分比	2.43%	1.48%

（引自 Owen 等，2012）

注：RSA—Repeated Sprint Ability，反复冲刺能力。

　　PRE-SSG—球员参加小场地对抗训练前的数据。

　　POST-SSG—球员参加小场地对抗训练后的数据。

赛季中期

似乎许多职业足球俱乐部在整个赛季（赛季前期、赛季中期和赛季结束）都有对球员生理的测试，可以看出职业俱乐部更关注球员的生理变化趋势。

该领域内发表出来的论文多集中于在整个赛季中观察不同训练方法对球员有氧代谢能力、速度、功率和速度耐力的影响（McMillan 等，2005；Ostojic，2003；Clark 等，2008；Jastrzebsk 等，2011）。这些研究的结果表明，研究者们对球员身体状况的不同看法与球员采用不同训练方法的时机有关。

Jastrzebsk 等人（2011）报道，参加比赛场次最多和上场时间最多的主力球员在赛季中期的最大摄氧量是最高的，而比赛时间较少的替补球员在赛季结束时的最大摄氧量是最高的。当这些数据与之前那些关于球员在赛季中进行足球专项训练和非足球专项高强度训练的研究相比较，从生理学方面来看，相互矛盾的报道普遍存在（Owen 等，2012；McMillan 等，2005；Hoff 等，2004；Dupont 等，2004），这些不一致的数据结果可能是每个研究采用的研究方法不同和受试者情况不同所致。

Owen 和 Wong（2009）的研究揭示了一支英格兰职业足球队从赛季前到赛季中期训练变化的过程，每个月高强度的训练量呈下降趋势，图 1-12 列出了所研究球队每个月高强度的训练量（>85％HR_{max}），用每天训练的分钟数表示。

以前的研究显示，顶级球员在整个赛季中的总移动距离（Total Distance Covered，TDC）、高强度移动距离（High-Intensity Distance Covered，HIDC）和冲刺距离是增加的（Mohr 等，2003；Rampinini 等，2007）。因此，建议在赛季中的训练要与长期的计划相匹配，合理减少高强度的训练量，其目的是确保球员在备战密集赛事期间，避免任何由于疲劳积累而引发的损伤，同时保持最佳的体能状态。

另外一个高强度训练量减少的原因可能是更多的时间用于技术训练和战术训练，而非持续性地进行体能训练。然而，这需要进一步的研究来证实。

关键点：

（1）参加比赛场次最多和上场时间最多的主力球员在赛季中期的最大摄氧量是最高的，而比赛时间较少的替补球员在赛季结束时最大摄氧量是最高的。

（2）顶级球员在整个赛季中的总移动距离、高强度移动距离和冲刺距离是增加的。

（3）在赛季中期到赛季结束，减少训练量的同时保持训练强度，能够确保球员的体能得到提升，避免任何由于疲劳积累而引发的损伤。

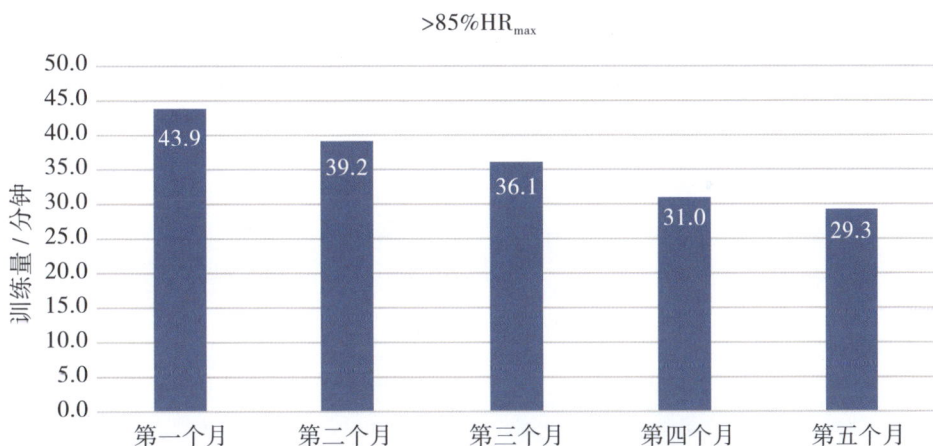

$>85\%HR_{max}$

（引自 Owen 和 Wong，2009）

图 1-12　所研究球队每个月高强度的训练量（$>85\%HR_{max}$），用每天训练的分钟数表示

赛季中短期间歇性训练对高水平青少年球员体能和疲劳指标的影响

参考文献：O. Faude, A. Steffen, M. Kellmann & T. Meyer, IJSPP, November 2014

本研究的目的是分析赛季中为期4周的小场地对抗训练与高强度间歇训练（HIIT）对高水平青少年球员运动表现和疲劳的影响。

研究方法

（1）来自德国两个最高级别联赛的4支青少年足球队的19名球员（＜16.5岁）参加了比赛。

（2）将球队随机分为2个组（每周进行2次耐力训练课）：在竞赛期开始，一个组进行小场地对抗训练，另外一个组进行HIIT。冬歇期结束后，两组互换训练方案。

方案

训练期前后

| 调查问卷 | 肌酸激酶、血尿素 | 纵跳测试（反向跳、落下跳） | 直线冲刺与变向测试 | 小场地对抗训练 | 耐力测试 |

研究结果

（1）个体无氧阈（+1%）、最高心率（-2%）、反向跳测试（-2%）有明显的时间效应，组间无明显的交互作用。

（2）个体无氧阈基线值低的球员比那些个体无氧阈基线值较高的球员有更大的改善（+4%与0%），总恢复时间显著降低（-5%）、血尿素浓度升高（+9%）。

结论与实际运用

（1）赛季中为期4周的耐力训练可以对耐力素质基础水平低的球员产生中等限度的适应性变化，耐力已经很好的球员并没有从这种额外的高强度训练中受益。

（2）训练效果与训练方法（小场地对抗训练或高强度间歇训练）无关。

（3）从运动实践来看，高强度间歇训练时间只需小场地对抗训练时间的63%。

（4）小场地对抗训练可使技战术训练在类似实战的情况下完成。

（5）反向跳高度、总体恢复轻微下降，血尿素升高，这是球员在比赛期间进行额外的大强度训练产生疲劳的早期信号。所以教练要谨慎地对恢复不充分的球员使用这样的训练，同时还应该考虑球员在比赛中超负荷付出的危险。

过渡期

过渡期是球员恢复和再生的关键时期。因为欧洲足球队的球员的训练和比赛持续时间超过 10 个月，所以过渡期是球员一年当中心理、体能和生理得到恢复与再生格外重要的时期（Gamble，2006；Wathen 等，2000；Hawley，Burke，1998）。此外，Gamble（2006）基于多年长期的结构化训练实践认为，球员在过渡期中应当进行一些无人监督的、非专项形式的身体活动。这种非结构化、非专项化的身体活动通过训练环境的单一性实现心理学优势。

力量训练

当讨论过渡期的力量训练时，Wathen 等人（2000）认为，一般非专项力量训练是非常重要的，这种训练在整个训练年度中被广泛使用。一般力量训练，如利用滑轮或器械的上下肢单关节练习更适合球员在过渡期训练（Siff，2002）。此外，交叉训练方法和休闲运动被认为是球员保持能量代谢水平和身体成分的较好训练方式。

体能

过渡期中训练的基本部分是保持体能，降低体重和体脂上升的概率。由于比赛强度和速度的提高，加之精英球员的准备期时间有限，球员没有完全丧失上个赛季的训练所带来的体能收益是极其重要的。

Mujika 和 Padilla（2000）研究认为，精英级别的球员在过渡期的停训综合征是显而易见的。以前的研究认为，停训综合征是球员受到训练刺激不足而部分或完全丧失了训练的适应性。每个球员的停训综合征的特点可能不相同，这与每个球员缺乏足够训练的时间长短有关（Hawley，Burke，1998）。Mujika，Padilla（2000）研究发现，训练有素的球员短时间心血管停训综合征的表现是 VO_{2max} 急剧下降，伴有血容量的减少，这是因为球员在训练期间的心率未能得到明显上升来平衡每搏输出量和心输出量的降低，从而造成球员的运动表现下降（Mujika，Padilla，2000）。

在过渡期，教练组可以为球员制订个体化的训练方案和营养指南，但取决于过渡期的时间长短。总的来说，在赛季中参加了绝大部分比赛的球员应提倡完全恢复和"自由"的营养选择，参加比赛较少或体脂百分比高的球员应尽早恢复耐力训练。教练组应监督球员的营养膳食。

在整个赛季中，技术教练们通常非常重视训练课中的技术训练和战术训练，他们通过各种小场地对抗训练和战术训练来使球员保持体能。然而，最近的研究表明，教练在赛季中以改善球员的体能进而提升球队的运动表现为目的，不明显增加训练量，这可能会减少与疲劳相关联的问题，如过度训练综合征（Dupont 等，2004；Buchheit，2008）。

1.4 现代精英足球的专项训练

间歇性训练

考虑到大多数团队项目是起动—制动的特点，运动员在这些间歇性运动项目中的运动表现与其速度、灵敏性、力量和爆发力的联系更密切。因而球员要提高短时间的最大用力的能力而不是长时间保持亚极限强度负荷的能力（Bangsbo，1994）。提高球员个体的体能，教练应高度重视专项练习与最大限度的功能性力量训练方案的应用，以在间歇性运动项目中增强显著影响球员运动表现的关键生理学参数（如速度、灵敏性、耐力和功率）（Hoff，Helgerud，2004）。

Dupont 等人（2004）的研究采用短时间间歇性跑动来发展球员的耐力，还可以提高 VO_{2max}，延迟疲劳的出现。此外，Balsom 等人（1992）发现短时间的间歇性练习可以抑制血乳酸（Blood Lactate，BLA）的产生，促进磷酸肌酸（Creatine Phosphate，CrP）的代谢，这是很重要的，因为磷酸肌酸（Impellizzeri 等，2005）和肌糖原（Bishop 等，2004）是间歇性训练方法最重要的供能物质。

根据 Buchheit（2008）的研究，短时间接近最大用力的跑步强度通常是个性化的，是基于最大有氧速度阈值的。球员个体最大有氧速度的测定是通过分析达到 VO_{2max} 时的最低跑步速度来实现的（Dupont 等，2004；Leger，Boucher，1980）。最大有氧速度的训练方法通常包括穿梭跑，目的在于引入加速、减速和变向的动作，这是 Buchheit（2008）提出的间歇性运动项目的跑动模式，也可以应用于短时间无氧间歇性训练。

先前的文献表明，包括减速和变向的接近最大强度的训练可以引起球员激素的急性反应和局部骨骼肌损害（Vuorimaa 等，1999；Kuoppasalmi 等，1980；Clarkson 等，1992；Kuipers，1994）。肌肉损害和疲劳相关的问题已被多篇有关测定血清肌细胞蛋白（Serum Myocellular Proteins）如肌酸激酶（Creatine Kinase，CK）、肌红蛋白（Myoglobin，Mb）和碳酸酐酶Ⅲ（Carbonic Anyhydrase Ⅲ，CA Ⅲ）（Hortobagyi，Denahan，1989；Komulainen 等，1995）的文献报道。正如 Vuorimaa（1999）所

说，在这个领域对激素进行研究，应重点围绕睾酮（如垂体-睾丸轴）、皮质醇（肾上腺皮质）、黄体生成素（Luteinizing Hormone，LH）、卵泡刺激素（Folliclestimulating Hormone，FSH）的变化展开。教练对球员的这些内分泌指标进行测定和分析，可用于检测球员的训练状态，也可作为监测球员过度训练的部分指标（Adlercreutz 等，1986），以及研究球员在多种训练方案过程中和结束即刻的运动性合成代谢与分解代谢的特点（Schwarz，Kinderman，1990；Vasankari 等，1993）。

研究成果显示，精英球员进行短时间间歇性跑动可以显著改善耐力和有氧代谢能力（Bisciotti 等，2000；Dupont 等，2004）。最近的研究发现，以 120% 最大有氧速度强度跑动 15 秒，接着被动恢复 15 秒，这样的间歇性训练成功地提高和维持了球员高水平的摄氧量。Dupont 等人（2004）的研究显示，最大有氧速度从 15.9 千米 / 小时提高到 17.3 千米 / 小时，增幅为 8.1%。与 110% 最大有氧速度跑动 15 秒、130% 最大有氧速度跑动 15 秒、140% 最大有氧速度跑动 15 秒和 100% 最大有氧速度持续性跑动相比，120% 最大有氧速度跑动 15 秒的方式可以使球员的摄氧量维持较长时间（Dupont 等，2002）。Franch 等人（1998）也发现类似的结果，即短时间的间歇训练，包括 15 秒跑动与 15 秒被动恢复的练习交替进行，重复30~40 次，每周 3 次共计 6 周的训练，可以显著提高球员的最大有氧速度。作为功能性足球专项测试，最大有氧速度的作用在精英级足球中应受到重视和质疑，因为顶级球员很少长时间保持高强度的跑动来达到最大有氧速度。

与 Dupont 等人（2004）的研究结构类似，Simoneau 等人（1985）发现短时间高强度间歇性训练伴随短暂恢复，可以通过正向调节有氧与无氧代谢通路的活性来显著提高球员的 VO_{2max} 和无氧代谢能力（Rodas 等，2000；Tabata 等，1996）。

尽管大多数团队项目采用中高强度的无氧间歇性训练（Owen 等，2012），目的是使球员提高 VO_{2max}、最大努力恢复和接近最大努力的训练（Hoff 等，2005；Dupont 等，2004）（图 1-13）。通过大量的研究表明，VO_{2max} 和反复冲刺能力之间的关系仍未明确。这可能是由于比赛结果的基础是快速动作而非以恒定速度保持有氧运动的事实（Bangsbo，1994），因此精英球员的 VO_{2max} 的作用仍然被质疑。然而，研究表明，在高强度间歇性运动过程中，较高的有氧代谢能力对恢复起到重要作用（Tomlin，Wenger，2002）。以前的研究发现，在足球比赛中，球员的 VO_{2max} 的升高、有氧代谢能力与高强度跑动的距离的增加成正相关（Helgerud 等，2001）。此外，Wong 等人（2009）的研究显示，因为爆发性动作与有氧耐力对球员的运动表现有重要影响，所以同时提高球员的爆发力和有氧耐力具有实际意义。

MAS=16 千米/小时：15 秒跑动，强度为 120% MAS（跑 80 米）

MAS=17 千米/小时：15 秒跑动，强度为 120% MAS（跑 85 米）

MAS=18 千米/小时：15 秒跑动，强度为 120% MAS（跑 90 米）

使用 soccertuor.com 战术管理器创建

（Dupont 等人使用过，2004）

注：MAS 为最大有氧速度。

图 1-13　高强度间歇性训练方法

训练原则与方法

关于在足球训练中使用间歇性训练方法，根据本章列举的文献和表 1-7 中的信息，可总结为教练在使用间歇性训练时，有多种多样的练习方法来提高球员的体能，这些方法可分为有球状态下和无球状态下的直线跑与变向跑。以前的研究试图证明使用一系列间歇性训练方法来影响球员的体能、技术和心理，以提高训练课的效率。采用直线向前跑动的传统高强度间歇性训练的生理反应的研究已经有了很多（Billat 等，2002；Dupont 等，2004）。球员的练习模式、在足球训练和比赛中的体能特征表明，球员极少有较长距离的直线跑动。根据关于动作模式和身体移动特征的研究报道，将变向练习作为间歇性训练的内容更具有功

能性和专项化，也是球员在比赛中所要求的体能。

表1-7 足球训练中使用间歇性训练的原则

间歇性训练（运动∶休息）／秒	强度（％最大速度）	恢复	组数（持续时间）	练习次数	恢复次数	穿梭跑距离／米
30∶30 或 30∶60	100%、105% 和 110%	主动恢复（50% 的最大速度）	1（11分30秒）	12	11	42
15∶15 或 15∶30	100%、105% 和 115%	被动恢复	1（9分45秒）	20	19	30
10∶10 或 10∶20	110%、115% 和 120%	被动恢复	2（6分50秒）	21	20	21
5∶5 或 5∶10	最大	主动恢复	2（30秒或1分钟）	6	20	13

（引自 Dallal 等，2010）

关键点：

（1）要提高球员个体的体能，教练应高度重视专项练习与最大限度的功能性力量训练方案的应用，以在间歇性运动项目中增强显著影响球员运动表现的关键生理学参数（如速度、灵敏性、耐力和功率）。

（2）采用短时间间歇性跑动来发展球员的耐力，还可以提高 VO_{2max}、延迟疲劳的出现。

（3）由于爆发性动作和有氧耐力对球员的运动表现有重要影响，所以同时提高球员爆发力和有氧耐力具有实际意义。

（4）球员极少有较长距离的直线跑动。因此，将变向练习作为间歇性训练的内容更具功能性和专项化。

变向练习

针对间歇性跑动练习的变向跑或穿梭跑的生理作用的研究很少。变向跑或穿梭跑的生理反应显著不同，因为基于加速、减速和工作肌群需要的不同，内部负荷会增加或者心率会提高。Dellal 等人（2010）的研究分别采用 180° 变向跑与传统的直线跑来比较间歇性训练中不同的穿梭跑的生理作用。研究认为，180° 变向跑比传统的直线跑有更明显的生理反应。根据 Dellal 等人（2010）的研究结果，变向跑使球员机体更多地依赖无氧代谢，因而与传统的直线跑相比有不同的生理反应。此研究帮助教练明确了在设计间歇性训练计划时，使用更专项化的穿梭跑，可能更具有功能性，更能提高训练课的效率。

此外，以前有采用无球直线跑动的间歇性训练的报道，而对采用有球训练方式的间歇性耐力训练讨论很少。已有研究证实了穿梭跑的间歇性训练比直线跑的间歇性训练有更大的生理负荷。早期的研究也表明，球员在控球时，动作的生理负荷是增加的（Reilly，2003）。

Reilly（2003）发现，与相同跑速的正常跑相比，球员带球跑的步频增加而步幅减小。力学方面的变化是因为球员带球跑时总能量的消耗增加（Reilly，Ball，1984）。步长比正常情况下增加或减小会引起既定跑速下氧气消耗量的升高。在比赛时，球员完成如欺骗对手的假动作、内切等动作，他们的跑动步幅是无规律的，因而能量消耗会更多（Reilly，2003；Reilly，Ball，1984）。（图1-14）

在间歇性训练课中，为了使球员产生更明显的生理反应，本章的文献综述建议训练方法应采用更适宜足球专项的功能性训练。变向跑与控球使训练课不仅具有专项性，而且从心理学角度激发了球员的训练动机。

关键点：

（1）在设计间歇性训练计划时，使用更专项化的穿梭跑可能更具有功能性，更能提高训练课的效率。

（2）与相同跑速的正常跑步相比，球员带球跑的步频增加而步幅减小。力学方面的变化是因为球员带球跑时总能量的消耗增加。变向跑和带球跑让训练课更具有专项性，再现了比赛时的动作特征。

（3）在间歇性训练课中，足球专项化、功能性训练会使球员产生更明显的生理反应。

与比赛相关的活动

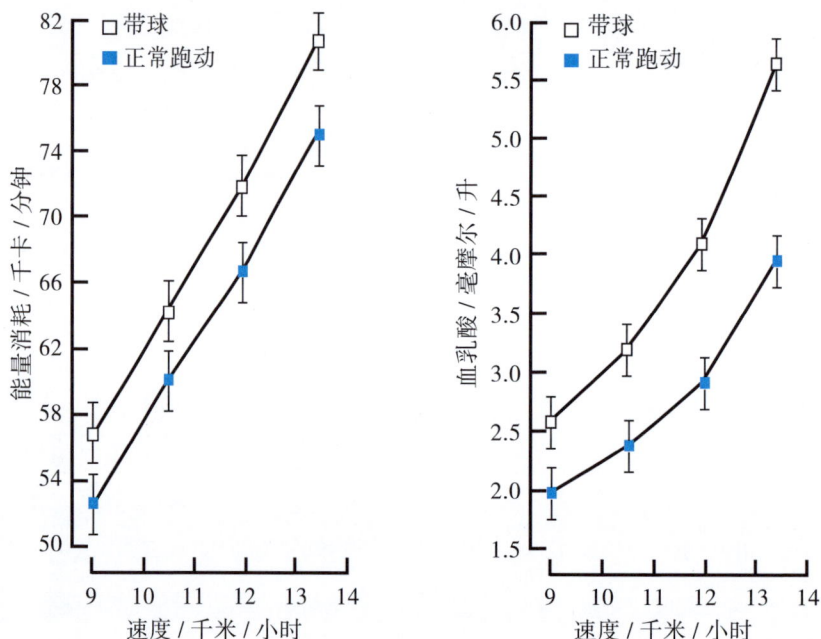

（数据来源于 Reilly 和 Ball 等，1984）

注：该图显示，与无球跑动相比，球员带球跑动的能量消耗更多。

图 1-14　球员在有球和无球情况下以不同的速度跑动的生理反应

低训练量的间歇性速度训练
对维持与提高球员有氧代谢能力的影响

参考文献：Tom W Macpherson & Matthew Weston
Int J Sport Perf Physiol, September 2014

本研究的主要目的是观察低训练量的间歇性速度训练（SIT）作为常规有氧训练替代方法的效果。第一部分的目的是对球员进行为期2周的SIT训练以提高其有氧代谢能力。第二部分的目的是观察每周1次的SIT对球员有氧代谢能力的维持效果。

在第一部分中，与对照组相比，2周的SIT干预对其YoYo间歇性恢复测试（级别1）（YYIRL1）（+17% ± 11%）和VO_{2max}（3.1% ± 5.0%）的影响小。

在第二部分中，每周1次、共计5周的SIT对球员VO_{2max}的影响小（+4.2% ± 3.0%），对YYIRL1作用不明显（+ 8% ± 16%）。

第一部分和第二部分

本研究的受试者是23名半职业球员。14名参加为期2周的间歇性速度训练（SIT），9名球员为对照组。SIT组完成6次训练课，进行4~6次最大强度的30秒冲刺来代替他们常规的有氧训练。对照组继续进行常规训练。

在对受试者进行为期2周的训练干预后，SIT组分为干预组（7名球员每周进行1次SIT代替常规有氧训练）和对照组（7名球员进行常规有氧训练，不进行SIT）。SIT组和对照组的实验为期5周。

测试

实验前后进行YYIRL1和VO_{2max}测试。

结论与实际运用

2周的SIT对球员的高强度间歇性跑动能力和VO_{2max}有小幅改善，可代替常规有氧训练。虽然比赛对运动员体能的要求不及球员执行技战术能力的发挥，但是身体准备不足将会限制球员在比赛中发挥。然而，体能训练会频繁地被密集赛程所影响。而且，球队迫切想成功的压力迫使教练让受伤的球员匆匆忙忙恢复体能。考虑到这样的问题，有时间效率的训练方法如SIT可以在足球和其他团队项目中广泛应用。

由 @YLMSportScience 设计

速度、灵敏性和反复冲刺能力

Little 和 Williams（2005）认为，爆发性、快速的动作明显影响球员在比赛中的运动表现。尽管在一场比赛中，球员的快速动作仅仅占总运动距离的 11%，但有关精英足球领域的文献表明，短时、爆发性的无氧运动才是在关键的时刻改变比赛形势的因素，如冲刺和射门、冲刺到空当去接队友传来的球、获得控球权等（Rampinini 等，2009）。为提高球员反复快速的冲刺能力，教练需安排球员在对抗条件下练习以灵敏性为基础的动作，这也是最近几年的文献归纳出的足球体能训练趋势。最近的研究表明，足球比赛中的高速跑或者冲刺跑可以进一步细分为更专项化的动作，如加速度、最大速度、灵敏性（Little，Williams，2005）和反复冲刺能力（Girard 等，2011）。

加速

加速是速度的变化，可以让球员在有限的时间内达到最大速度阈值。许多学者报道使用不同的训练方法可以提高球员的加速能力。例如，Zafeiridis等人（2005）和 Spinks 等人（2007）均强调拉雪橇抗阻冲刺（图 1-15）可以显著地提高球员的加速能力（0~20 米）。Spinks 等人（2007）进一步分析发现，拉雪橇的负荷约为体重的 10%，不会对加速时的动力学特征产生不利影响，而且可以确保在加速能力的力学方面仍有足够的超负荷刺激。

加速能力的改善是因为启动了超负荷刺激下的加速力学机制，增加了伸髋肌群和伸膝肌群的募集，从而产生了水平方向更大的功率。Spinks 等人（2007）也认为，球员在做拉雪橇训练时，10% 体重的负荷使冲刺时第一步的触地时间减少、水平方向上摆臂的加速度提高，这是提高球员在加速阶段冲刺能力的关键环节。Harrison 和 Bourke（2009）对职业橄榄球运动员使用 13% 体重的负荷进行拉雪橇训练，每周 2 次、为期 6 周（6×20 米）。结果显示，运动员 5 米以上距离的冲刺速度明显提高，但 30 米以上距离的冲刺速度未有明显改善。

图 1-15　抗阻冲刺训练课的范例

最大力量训练

如前所述，在讨论精英职业球员的加速能力训练时，不仅有对抗阻拉雪橇的研究，而且还有许多其他发展加速能力的训练干预的研究。许多学者提出可采用最大力量的训练来发展速度和加速度（Wisloff 等，2004；Wong 等，2010）。已有关于力量、功率和速度关系的报道，并通过跳跃、10 米冲刺和 30 米冲刺的测验结果进行了证实（Wisloff 等，2004；Wong 等，2010）。基于这些研究材料和当前的文献，提高球员的下肢肌群的肌肉收缩力量可以提高足球关键技术动作（如转身、冲刺和变速）的加速度和速度（McMillan 等，2005）。这符合牛顿第二定律，也符合力量、质量（体重 + 雪橇重量）和加速度之间的关系。

力量 = 质量 × 加速度（$F=ma$）

对精英职业球员进行训练干预的研究很少。Hoff 和 Helgerud（2002）报道，8 周训练干预（3 次 / 周）能显著提高球员的体能。此研究通过使

用 85% 1RM 以上的负荷进行每组 5 次、重复 4 组的训练，而且要求球员自始至终都以最大速度完成练习，目的在于通过训练诱导神经中枢的适应性变化。RM 是运动员可以举起一定重复次数的最大重量。例如，5RM 是运动员可以连续 5 次举起的最大重量。

实验以 8 名球员为受试者，其训练干预的结果是 1RM 半蹲从 161 千克提高到 215 千克。与 1RM 提高相一致的变化是力的生成率（Rate of Force Development，RFD）提高了 52%。此外，10 米冲刺成绩提高了 0.08 秒，40 米冲刺成绩提高了 0.13 秒。

Helgerud 等人（2002）在另外一个训练干预的研究中，对一支参加冠军联赛球队的球员在赛季前进行约 90% 1RM 强度、4 组 × 4 次、2 次/周，为期 8 周的训练干预，球员的 1RM 半蹲从 116 千克提高到 176 千克。同时，10 米冲刺成绩从 1.87 秒提高到 1.81 秒，20 米冲刺成绩从 3.13 秒提高到 3.08 秒。

有趣的是，Helgerud 等人（2002）、Hoff 和 Helgerud（2002）研究发现，球员运动功能性的变化结果与相同研究领域的其他研究者的报道不一致。许多学者认为，在增强球员的肌肉功能时，快速、爆发性的练习不会比传统的慢速练习更有效。在 Blazevich 和 Jenkins（2002）的训练干预研究中，将受试者分为慢速练习和快速练习两组，分别施以 30%~50% 1RM 或 70%~90% 1RM 的负荷，训练 7 周，结果显示，两组球员的冲刺能力、1RM 下蹲、伸髋或屈髋力矩无显著性差异。然而，两组受试者在每个特定变量上都有显著改善。此外，Yong 和 Bilby（1993）比较了每周 3 次、为期 7.5 周的慢速与快速爆发性下蹲的作用，与 Blazevich，Jenkins（2002）的研究一致，即 1RM、肌肉的等长收缩力峰值、纵跳、大腿围度和肌肉厚度显著提高。

最大速度

最大速度被定义为球员冲刺时可以达到的最快速度（Little，Williams，2005）。冲刺被认为是得分球员和（或）助攻球员在进球前使用频率最多的动作（Faude 等，2012）。Little 和 Williams（2005）将一般水平的球员、较高水平的球员与职业球员的速度测试进行比较后发现，速度是精英球员的优势。为了模拟比赛时短时间高强度的动作，体能教练通常会直接地使用基于速度的练习，更倾向于加速能力的练习。

助力训练方法

Ebben 等人（2008）提出，助力训练方法包括高速跑台训练、牵引跑和下坡冲刺跑等，通过增加步幅或步频来提高跑速（Hunter，2004）。以前的研究表明，像下坡冲刺跑这样的助力速度训练可以提高球员的最大速度（Costello，1985），即提高以前所定义的在 0° 场地、无任何助力时可以保持的速度（Facciono，1994）。研究中一般采用的下坡跑坡度约 3°。Paradisis 和 Cooke（2006）在近几年的研究中提出，与在 0° 跑道上训练的对照组相比，在坡度为 3°、结合上坡跑和下坡跑训练的实验组球员的35 米冲刺能力显著提高。此研究证实了结合上坡跑和下坡跑的训练方法可以使球员的最大冲刺速度提高 3.4%、步频提高 3.4%（步幅未有变化）。进一步的分析表明，下坡跑训练使球员的最大速度提高 1.1%、步频提高2.4%（步幅未有变化）。今后需要进一步研究上坡跑和下坡跑对速度的影响，以厘清坡度和距离的具体作用。

速度测试

球员在正式足球比赛中有记录的冲刺距离为 1.5~105 米，所以加速度和最大速度就显得非常重要（Little，Williams，2005；Carling 等，2008）。进行体能训练的球员个体若想提高专项速度，首先应意识到反复冲刺能力、加速度、最大速度和灵敏性是最重要的专项素质，需要单独进行测试以观察运动表现的变化（Zafeiridis，2005）。测定精英球员的速度素质时，10 米加速能力、20 米最大速度测验、Zig-Zag 灵敏性测试应该与专项素质（反复冲刺能力、加速度、灵敏性、最大速度）测试相结合。

变向动作

对足球运动员来说，掌握爆发性的、强有力的全身动作，如变向或者变速、快速起动与制动，以及其他涉及快速变向的任何专项动作是非

常关键的（Sheppard 等，2006；Markovic，2007）。Hewit 等人（2010）认为，涉及起动、制动、旋转和转身的专项变向动作可以被定义为灵敏动作。从关于灵敏动作的定义可以清晰地认识这些动作包括许多因素，主要包括技术、体能和感知 3 个部分。

Bullock 等人（2012）将灵敏性描述为"反应灵敏"，因为它要求球员将身体能力（速度、功率和平衡）和认知技能（决策）相结合，当这两项技能相辅相成时，就会成为团队项目成功的关键。

速度和灵敏性

近年来，速度性、灵敏、快速反应（Speed Agility Quickness，SAQ®）的训练被证实是提高足球运动员与灵敏性相关技术动作的有效训练方法（Polman 等，2004；Pearson，2001）。SAQ® 训练是一个进阶式的体系，旨在提高球员在移动速度较快时熟练使用技术的能力（Pearson 等，2002）。Bloomfield 等人（2007）认为，速度和灵敏性可以使球员对刺激的反应更快、加速更快以及动作更高效，并提高多向移动的效率。速度和灵敏性的改善通过提高短距离的加速能力、减速与变向能力，改变脚步移动模式动作应答、上肢动作，以及直线、横向、斜线以及垂直方向的动作来获得（Brown，2000）。尽管有一些研究足球运动员灵敏素质的出版物，但在精英级足球领域使用灵敏性训练干预的研究还很少。（图 1-16）

反复冲刺能力

已有文献讨论了对足球比赛结果有重要作用的短时、爆发性动作的益处和训练方法，认为在比赛中重复这些动作是关键。反复冲刺能力是一个重要的体能素质，因而了解反复冲刺能力的专项训练方法是至关重要的。Rampinini 等人（2007）在比赛结束后，研究球员反复冲刺能力测试的总时间与高强度移动的距离（High Intensity Distance Covered，HIDC）关系时，验证了穿梭跑测试（6×40 米穿梭跑，每次冲刺后间歇 20 秒）对测试球员反复冲刺能力的有效性。此外，该研究表明，职业球员在反复冲刺能力测试中，冲刺或高强度移动的距离有显著的相关性。

有关反复冲刺能力训练方法的研究很少的事实并不令人惊讶，因为反复冲刺能力是一个复杂的体能表现，依赖代谢性因素（如氧化能力和磷酸肌酸的恢复）和神经中枢因素（如肌肉激活和募集方式）（Bishop 等，2011）。那些致力于提高球员反复冲刺能力的研究者们通常有两点建议，这非常重要。

（1）一些提高单次冲刺能力的训练，包含传统的速度训练和力量、功率训练；

（2）将高强度（85%~90%VO_{2max}）间歇性训练与提高冲刺后恢复能力的训练相结合。

Bravo 等人（2007）最近的研究比较了高强度有氧间歇训练和反复冲刺能力训练对男子足球运动员的有氧和无氧生理参数的影响。此研究中的受试者随机分为 2 组：

（1）间歇性训练组：以 90%~95%HR_{max} 强度进行 4×4 分钟跑步训练；

（2）反复冲刺训练组：以最大强度完成 3 组、每组 6 次的 40 米穿梭跑。

此研究表明，与间歇性训练组相比，反复冲刺训练组的反复冲刺能力测验成绩有改善，而且提高的反复冲刺能力成绩（平均时间）没有受到有氧代谢能力提高的影响，因为两个组的 VO_{2max} 均明显提高。Bishop 和 Edge（2006）的研究认为，尽管反复冲刺能力可能与有氧功率有关，但反复冲刺能力中平均时间的改善可以反映出球员的无氧代谢能力得到提高。无氧代谢能力也是反复冲刺能力的一个主要参数，可以通过冲刺训练来提高（Jacobs，1987）。这表明球员在反复冲刺之间是无氧代谢能力得到改善而不是身体恢复能力得到改善。

关键点：

（1）尽管球员在比赛中的冲刺距离只占总移动距离的11%，但在比赛关键时刻的作用非常突出。冲刺被认为是得分球员和（或）助攻球员在进球前使用频率最多的动作。

（2）Ebben 等人（2008）提出，助力训练方法包括高速跑台训练、牵引跑和下坡冲刺跑等，通过增加步幅或步频来提高跑速。

（3）在发展球员反复冲刺能力时，以下两点非常重要：

·一些提高单次冲刺能力的训练包含传统的速度训练和力量、功率训练；

·将高强度（85%~90%VO$_{2max}$）间歇性训练与提高冲刺后恢复能力的训练相结合。

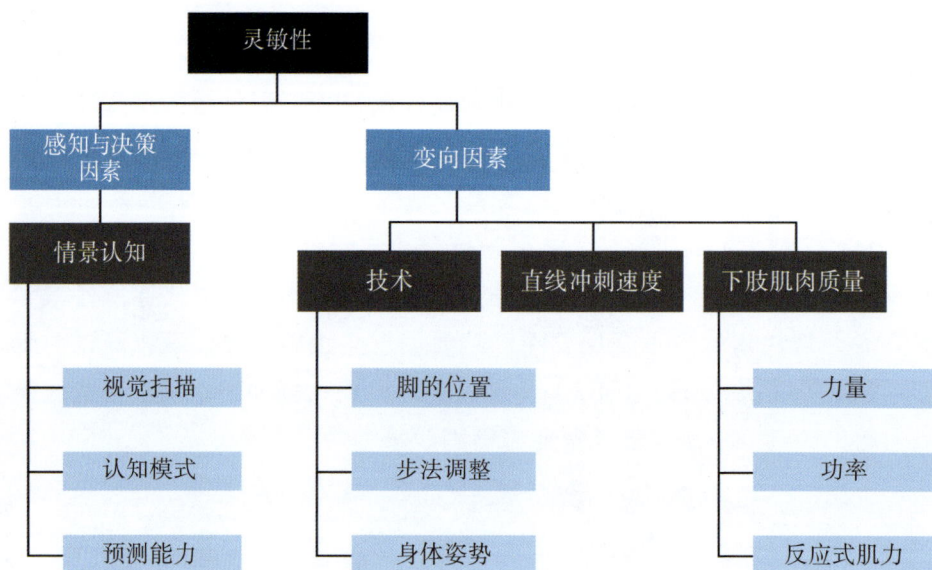

（引自 Hewit 等，2010）

图 1—16　灵敏性的功能性模型

速度或许是个一般素质，但是加速度和最大速度在水平方向上的力学参数是不同的。

球员进行最大速度训练既可以提高加速度，又可以提高最大冲刺速度；改善水平方向上的力量可有效地提高短距离冲刺能力。

参考文献：Ref Buchheit，Journal of Sports Science 2814101111

由 @YLMSportScience 设计

对反复冲刺能力训练的建议

参考文献: Bishop, Girard, Mendez–Villanueva, Sports Medicine, 2011

1 **决定因素**: 反复冲刺能力对于团队项目运动员来说是非常重要的运动素质。足球教练了解提高反复冲刺能力的训练策略具有重要意义。

两种理论: 在没有强有力的科学证据的情况下，出现了两种主要的训练理论。一种理论是基于专项化训练的概念，认为提高反复冲刺能力最好的方法是反复进行冲刺练习。另外一种理论认为针对反复冲刺能力影响因素的训练干预是一个更有效的方法。 **2**

3 **复杂的构成**: 反复冲刺能力有赖于代谢性因素（如氧化能力和磷酸肌酸的恢复）和神经中枢因素（如肌肉激活和募集方式）。

供应

力量　协调

训练方法

4

为了改善影响球员反复冲刺能力的各个因素，要使用不同的训练方法。

5 **关键的训练原则（1）**: 训练方法中包括能够提高单次冲刺能力的方法很重要，包括专项冲刺训练，力量、功率训练，不定期的高强度训练（如反复进行全力 30 秒、间歇 10 秒的无氧运动）。

6

关键的训练原则（2）: 一些提高反复冲刺后恢复能力的间歇训练（如目的是提高抗疲劳能力的练习）也很重要。高强度（80%~90%VO$_{2max}$）间歇性训练结合比运动时间短的身体恢复对提高球员反复冲刺后的恢复能力是有效的，这通过提高球员的有氧代谢能力（VO$_{2max}$ 和乳酸阈）与磷酸肌酸的再合成来实现。

小场地对抗训练

小场地对抗训练可以模拟正式比赛的生理负荷和运动强度，同时还可以发展球员的技战术素养，因而近年来作为一种训练方法广泛地应用于足球训练实践和科研领域（Dellal 等，2011；Owen 等，2012）。从应用角度来说，包括持球在内的与比赛相关的动作可以提升球员的有氧代谢能力，也可以激发球员训练的动机。因此，使用小场地对抗训练而不是传统训练方法（如间歇性或者持续性跑动）的优势是相当明显的。然而，场地面积、球员数量、持续时间长短、教练员的鼓励和技术限制，都会严重地影响小场地对抗训练对球员体能的需求和技术的需求（Owen 等，2004；Owen 等，2011；Rampinini 等，2007；Hill-Hass 等，2011）。最近，关于小场地对抗训练作为球员在准备期的体能训练手段以及对精英球员运动功能性的作用方面的研究显著增多。

有研究比较了小场地对抗训练与高强度间歇性训练（High-intensity Intermittent Training，HIIT）对球员持续性和间歇性运动表现的影响，结果发现，两种训练干预在提高职业男子球员的有氧代谢能力和变向的间歇性运动能力方面是同等有效的。此外，为期 6 周的这两种训练方法可能对球员的身体恢复能力和 180° 变向能力的影响相当。根据此研究结果，教练可以自信地使用上述两种训练方法中的任意一个来实现训练课的目的，并优化训练。

Dellal 等人（2012）比较了间歇性训练与小场地对抗训练对球员体能的影响（表 1-8），他们之前的一个研究观察了精英职业球员在短时间、间歇性跑动时与在小场地对抗训练时的心率反应之间的差异（Dellal 等，2008），结果表明，球员在专项化的小场地对抗训练中与在短时间间歇性训练中的心率反应相似，达到同等的心率水平。该研究结论相当重要且极其有用，因为它证实了小场地对抗训练不仅可以增加训练课的多样性，还可以将体能、技术和战术整合到一起训练而达到短时间间歇性跑动相同的强度（表 1-9）。

表 1-8 Dellal 等人（2012）的实验设计

	星期一	星期二	星期三	星期四	星期五	星期六	星期日
板块 1							
1		Vameval	技战术		技战术		比赛
2		技战术	30-15IFT	技战术		比赛	
板块 2							
3		训练课1：2V2 或 30秒：30秒	训练课2：2V2 或 30秒：30秒		技战术		比赛
4		技战术	训练课3：2V2 或 30秒：30秒		技战术		比赛
5		训练课4：2V2 或 15秒：15秒	训练课5：2V2 或 15秒：15秒	技战术		比赛	
6		技战术	训练课6：2V2 或 15秒：15秒		技战术		比赛
7		训练课7：2V2 或 10秒：10秒	训练课8：2V2 或 10秒：10秒	技战术		比赛	
8		技战术	训练课9：2V2 或 10秒：10秒		技战术		比赛
板块 3							
9		技战术	Vameval		技战术		比赛
10		技战术	30-15IFT		技战术		比赛

译者注：Vameval——一个测定最大有氧速度的跑动测试。

30-15IFT——30-15 间歇性体能测试（30-15 Intermittent Fitness Test）。

表 1-9 不同人数的小场地对抗训练和不同时间的间歇性跑动训练中心率储备（HR$_{res}$）的平均值

	小场地对抗训练					
	1V1	2V2	4V4+GK	8V8+GK	8V8	10V10+GK
HR$_{res}$ / %	77.60	80.10	77.10	80.30	71.70	75.70
主体间 CV / %	11.12	10.83	13.87	15.60	8.79	10.40

	间歇性跑动训练					
	10-10 110% VO$_{2max}$ PR	30-30 100% VO$_{2max}$ PR	30-30 100% VO$_{2max}$ PR	15-15 100% VO$_{2max}$ PR	5-20 120% VO$_{2max}$ PR	—
HR$_{res}$ / %	85.8	77.2	85.7	76.8	80.2	—
主体间 CV / %	4.50	5.97	5.27	5.20	8.50	—

（引自 Dellal 等，2008）

注：HR$_{res}$—心率储备（Heart Rate Reserve，HR$_{res}$）；GK—守门员（Goalkeeper，GK）；
    CV—变异系数（Coefficient of Variation，CV）；PR—个人记录（Personal Record，PR）。

　　显示了在训练课上接受测试的运动员的心率储备率的平均变异程度。数值越大，表明球员的运动强度变化越大。与对抗性训练相比，间歇性跑动训练的心率变化要小。球员在小场地对抗训练时的心率反应和动机更强。这也可能是比赛中球员位置不同的结果。

　　基于以前的研究，小场地对抗训练可以达到与间歇性跑动训练相似的生理反应，因此可以得出不同持续时间的小场地对抗训练有助于改善球员训练的适应性的结论。Franchini 等人（2010）观察了不同的小场地对抗训练（3V3+ 守门员）的持续时间是否对男性球员的负荷强度和技术能力产生影响，结果表明，将小场地对抗训练的持续时间从 2 分钟延长到 6 分钟，对抗强度会在训练进行到 4~6 分钟时下降，如表 1-10 所示。然而，不同的小场地对抗训练的持续时间对球员的技术动作和技术能力没有影响。

表 1-10　训练强度的平均值/%HR$_{max}$

	持续时间 2 分钟		持续时间 4 分钟		持续时间 6 分钟		所有数据	
	平均值	SD	平均值	SD	平均值	SD	平均值	SD
第一节	88.0	3.4	88.9	3.4	87.3	3.5	88.1	3.4*
第二节	88.7	3.2	89.7	3.1	88.5	3.3	89.0	3.2**
第三节	88.8	2.9	89.3	2.5	87.7	3.2	88.8	3.0*
第四节	88.5	3.2	89.5	3.1	87.8	2.8***		

（引自 Franchini 等，2010）

注：*—每节练习的第一分钟的数据不包括在内。

　　SD（Standard Deviation）—标准差，是与平均值的统计差异。

Franchini 等人（2010）的研究认为，球员心率变化的幅度（持续 4 分钟练习的心率为 89.5%HR$_{max}$，持续 6 分钟练习的心率为 87.8%HR$_{max}$）不足以产生不同的训练适应性，见图 1-17。因此，教练在设计训练时，在对运动强度影响最小的情况下，且不影响球员的技术能力时，可以使用不同的持续时间。在持续时间较长的小场地对抗训练中，球员心率的降低可能是由疲劳引起的，这表明在 3V3+ 守门员的小场地对抗训练中，任何超过 4 分钟的练习产生高强度的间歇性有氧适应是值得怀疑的，这需要进一步的研究去证实。

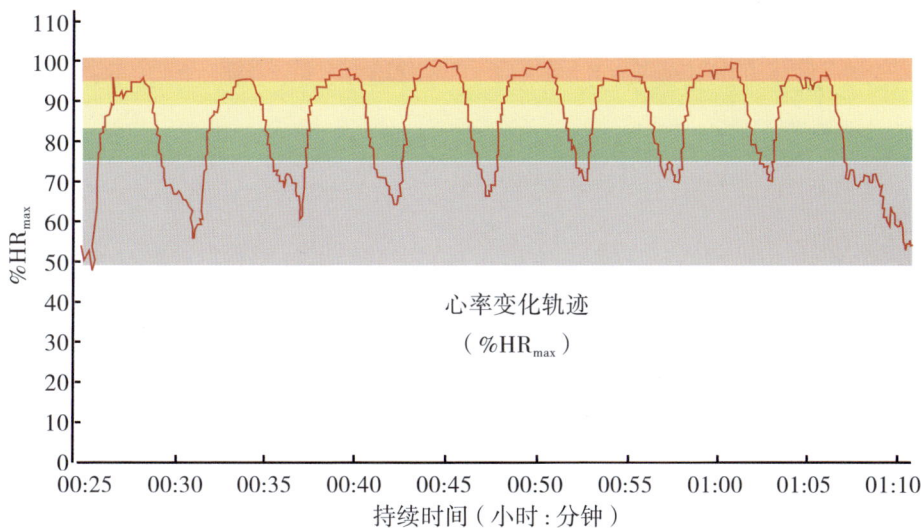

注：图中反映的是参加冠军联赛和国家队比赛的球员的心率变化轨迹。

图1-17 8×3分钟小场地对抗训练时的心率变化（3V3+GK）

在 Franchini 等人（2010）研究了训练持续时间对训练效果的影响后，Owen 等人（2012）在赛季的间歇期对男子球员进行了4周小场地对抗训练（3分钟1节、3V3+守门员）的干预，观察了球员的运动表现（如速度、有氧代谢能力和反复冲刺能力）的变化。研究的主要结果如下：

（1）训练干预显著提高了球员的反复冲刺能力（总冲刺时间和速度下降率）；

（2）显著改善了球员的跑步经济性，意味着球员在亚极限强度下的摄氧量减少和心率降低；

（3）Owen 等人（2012）的研究认为，周期化的小场地对抗训练干预在赛季中的间歇期对球员有氧系统和无氧系统均有积极的影响（表1-11）。

表 1—11　小场地对抗训练的训练干预

训练课进阶	进阶式超负荷	小场地对抗训练总时间 / 分钟
小场地对抗训练 1	5×3 分钟对抗	15
小场地对抗训练 2	6×3 分钟对抗	18
小场地对抗训练 3	7×3 分钟对抗	21
小场地对抗训练 4	8×3 分钟对抗	24
小场地对抗训练 5	9×3 分钟对抗	27
小场地对抗训练 6	10×3 分钟对抗	30
小场地对抗训练 7	11×3 分钟对抗	33

（引自 Owen 等，2012）

注：所有的小场地对抗训练都是 3V3+ 守门员，3 分钟 1 节，2 分钟被动恢复。

　　总的来说，本部分的小场地对抗训练研究显示，对小场地对抗训练进行的研究可能会带来新的研究成果，即将小场地对抗训练作为传统训练（如间歇性跑动训练）的替代训练方法来改善精英成年球员的体能。然而，应该注意的是，从提高球员的有氧代谢能力来看，尽管小场地对抗训练模拟了比赛时高强度的体能需求特征，但以前和当前的文献表明，由于受到场地面积的限制，小场地对抗训练提高球员的冲刺速度和增加冲刺距离受到了质疑（Owen 等，2013；Casamichana，Castellano，2010）。

本章内容总结

周期化

·足球领域对模拟正式比赛中的技术要求和体能需求的专项训练方法的研究和应用越来越多。

·理解训练周期的基本概念和"负荷–恢复"概念（超量恢复理论）是极其重要的。

·尽管准备期和赛季早期周期化的概念对教练员很重要，但由于训练周和球员身体恢复时间的不同，以及赛程的密集，操作起来非常困难。

一周一赛与一周双赛的区别

·增加球员数量、比赛时轮换场上球员、使用损伤预防技术、改进恢复策略是必须的，其目的是在赛程密集期间降低球员受伤的概率。

·确保在正确的时间以正确的方式训练从未参赛的球员和替补球员，以弥补其比赛时间的不足（如预备队比赛、高速和高强度训练）是非常重要的，因为随着赛程的进行，这些球员会成长为球队的重要一员。

赛季前训练

·在整个赛季前训练阶段，训练的重点是针对与足球专项有关的肌群和供能系统的训练，以提高球员的有氧耐力、力量、速度和功率。

·教练可以在不明显增加训练量的情况下，提升球员的体能进而提升球队的运动表现。增加训练量会增加球员的疲劳和受伤的概率。

·在赛季前训练阶段，为了提高球员的爆发力、间歇性有氧耐力和持续性有氧耐力，可同时进行肌肉力量训练和高强度间歇训练。

·如果运动科学家、技术教练和医务人员没有循序渐进地采用超负荷的原则去提前设计赛季前训练阶段的小周期训练计划和中周期训练计划，则会增加球员受伤的概率。因此，没有完成赛季前训练的球员在赛季当中有更高的损伤风险。

赛季中的训练

· 对手的实力、两场比赛之间的训练天数，以及赛程密集期间大量的客场旅途等都会影响球员每周或每个月的训练强度。教练将这些因素作为一个整体来考虑，将有助于设计每周或每个月的训练计划。

· 参加比赛场次最多和上场时间最多的主力球员在赛季中期的最大摄氧量是最高的，而比赛时间较少的替补球员在赛季结束时最大摄氧量是最高的。

· 赛季中高强度训练量的减少与长期训练计划有关。教练要确保球员在赛程密集的准备期中避免任何疲劳积累所引发的损伤，最大限度地提高体能、促进恢复。

现代精英足球的专项训练

· 短时间间歇性跑动训练已被证明能提高精英球员的耐力和有氧代谢能力。

· 与传统的直线跑训练相比，球员在变向和控球训练时的训练动机更强、肌肉募集增加、供能需求更大。

· 在设计间歇性训练计划时，使用更专项化的穿梭跑可能更具有功能性，更能提高训练课的效率。

· 与相同跑速的正常跑步相比，球员带球跑的步频增加而步幅减小。力学方面的变化是因为球员带球跑时总能量的消耗增加。变向跑和带球跑让训练课更具有专项性，再现了比赛时的动作特征。

· 在间歇性训练课中，足球专项化、功能性训练会使球员产生更明显的生理反应。

反复冲刺能力

· 尽管球员在比赛中的冲刺距离只占总移动距离的11%，但在比赛关键时刻的作用非常突出。冲刺被认为是得分球员和（或）助攻球员在进球前使用频率最多的动作。

· 在提高球员反复冲刺能力时，以下两点非常重要：①一些提高单次冲刺能力的训练包含传统的速度训练和力量、功率训练；②将高强度间歇性训练与提高冲刺后恢复能力的训练相结合。

· 提高球员的下肢力量可以增加足球关键技术如转身、冲刺和变速的加速度和速度。

· 发展速度的训练手段有抗阻训练（如力量训练、负重拉雪橇）和助力跑（如跑台训练、牵引跑和下坡跑）。

· 包括速度或对专项刺激信号做出变向的全身爆发性训练提高了球员变向或快速起动与制动的能力，还练习了足球运动中必不可少的专项动作。

间歇性速度训练

· 2 周的间歇性速度训练对球员的高强度间歇性跑能力和 VO_{2max} 有小幅度的提高，可以代替常规有氧训练。

· 在球场上，球员首先考虑的是发挥技战术水平，其次才考虑体能。但是身体准备不足将会限制球员在比赛中发挥。

· 体能训练会频繁地被密集赛程所影响。而且，球队迫切想成功的压力迫使教练让受伤运动员匆忙恢复体能。

· 有时间效率的训练方法，如间歇性速度训练可以在足球和其他团队项目中广泛应用。

2 小场地对抗训练概述

　　围绕青少年球员、业余球员、大学生球员和职业球员使用小场地对抗训练的研究在过去几年有了显著的增长。小场地对抗训练受到越来越多的重视，这与足球相关的运动科学的发展和科学技术的应用，以及训练监测和分析设备的改进有关。

　　最大限度地提高球员的体能、技术能力和战术能力是至关重要的，这使小场地对抗训练极具吸引力。小场地对抗训练具有多功能训练的目的，可以在有限的时间内提高球员多项足球运动的关键能力。然而，小场地对抗训练的益处需要进一步研究。教练应最大限度地使用小场地对抗训练，让球员在尽可能高的水平上竞争。

　　到目前为止，针对特定场地对抗训练效果的文献已经揭示了诸如球员人数、场地面积、比赛规则和教练鼓励等因素会使球员的生理反应（如心率、血乳酸水平和主观体力感觉）、技战术能力均发生明显的变化。

　　如果要拓展这些研究结果，还需要进行更多的研究来了解小场地对抗训练的最佳使用方法，以及它们在精英级别职业足球比赛的准备期中的作用。

2.1 小场地对抗训练的体能需求和生理需求

研究成果表明，体能、生理、社会、心理、技术和战术等关键因素会影响球员的运动表现（Clemente 等，2012；Bangsbo，1994）。如果训练目的是在一段时间内明显提高球员的场上表现，那么整合这些因素进行训练至关重要。Jones 和 Drust（2007）认为，教练在设计训练的过程中应将所有因素整合在一起（Jones，Drust，2007）。

Dellal 等人（2010）、Reilly 与 Bali（1984）的研究结果认为，可以开展更多的功能性的足球专项体能和生理发展的研究，特别是增加关于使用各种场地面积训练的研究（Casamichana，Castellano，2010；Franchini 等，2010）。

有关研究精英级训练的文献提出，从技术、战术和体能的角度复制比赛需求训练才是足球专项训练（Owen 等，2011；Mallo，Navarro，2008；Clemente 等，2012；Owen 等，2004）。在训练中再现比赛需求的一种方法就是使用小场地对抗训练。

然而，为了使小场地对抗训练能够最大限度地作为球员体能训练的方法或准备工具，从体能、生理、技术、战术和心理学角度对小场地对抗训练进行更多的了解是非常必要的。

Clemente 等人（2012）最近在小场地对抗训练领域的研究中，系统地观察了使用不同变量或规则的小场地对抗训练对球员的影响。变量包括场地面积（Kelly，Drust，2009；Owen 等，2004；Tessitore 等，2006）、对特定战术区域的规则（Dellal 等，2008；Mallo，Navarro，2008）、球员数量的变化（Williams，Owen，2007；Katis，Kellis，2009），以及训练持续时间和身体恢复时间（Dellal 等，2012）。

关键点：

从技术、战术和体能的角度复制比赛的需求的训练，才是足球专项训练。在训练中再现比赛需求的一种方法就是使用小场地对抗训练。

小场地对抗训练的生理反应和活动特征

1 生理反应和主观反应

较小场地的小场地对抗训练（2V2 和 3V3）的生理反应和主观反应较高。

发展有氧代谢能力

2V2 和 2V3 对提高球员的有氧代谢能力很有效，因为它们会产生约 90%HR$_{max}$ 的心率反应。

教练在实践中的应用

教练可以使用人数较少（对抗双方均为 2 名或 3 名球员）的练习来提高球员的心血管反应，但是人数较多（对抗双方均为 4 名或 5 名球员）的练习则增加了训练的可变性和专项性。活动特征和身体负荷与想象中的不一样。双方各为 4 名球员的小场地对抗训练的测定值较高，变化也大，而 3V3 的小场地对抗训练是最稳定的形式。

3 4 人制和 5 人制的比赛情况

这意味着较小阵容（2V2 和 2V3）在增加球员生理应激方面是较适宜的，而较大阵容（4V4 和 5V5）可以提高球员在比赛时所需的专项能力。

SSG

参考文献：

M. Aguiar, G. Botelho, B. Goncalves and J. Sampaio J Strength Cond Research, December 2014

由 @YLMSportScience 设计

正式比赛与小场地对抗训练的比较

为了在球队的训练计划中加入小场地对抗训练，有必要对小场地对抗训练与正式比赛的身体活动进行比较。Owen 等人（2004） 最早对小场地对抗训练和正式比赛的生理和体能进行了比较研究，结果反映了 3V3 的小场地对抗训练是如何引起球员与比赛类似心率反应的，如图 2–1 所示。

此外，Casamichana 和 Castellano（2010）比较了青训球员在 3 个不同的小场地对抗训练中的体能、生理反应、动作特征和主观体力感觉。3 个不同的小场地对抗训练的场地面积分别为 275 平方米、175 平方米和 75 平方米，而双方球员的人数固定不变（5V5+ 守门员）。研究结果表明，在较大面积的场地内，球员的总移动距离、高强度跑动距离、最大速度、工作–休息比和冲刺次数等身体活动参数都有所增加。研究还显示，球员的生理负荷和主观体力感觉都显著增加；而某些技术指标（如拦截、控球、运球、射门和解围等）则减少。这项研究特别强调，教练在设计特定的小场地对抗训练作为训练计划的一部分时，应该考虑对抗训练的场地面积，因为它对球员的体能和技术有很大的影响。

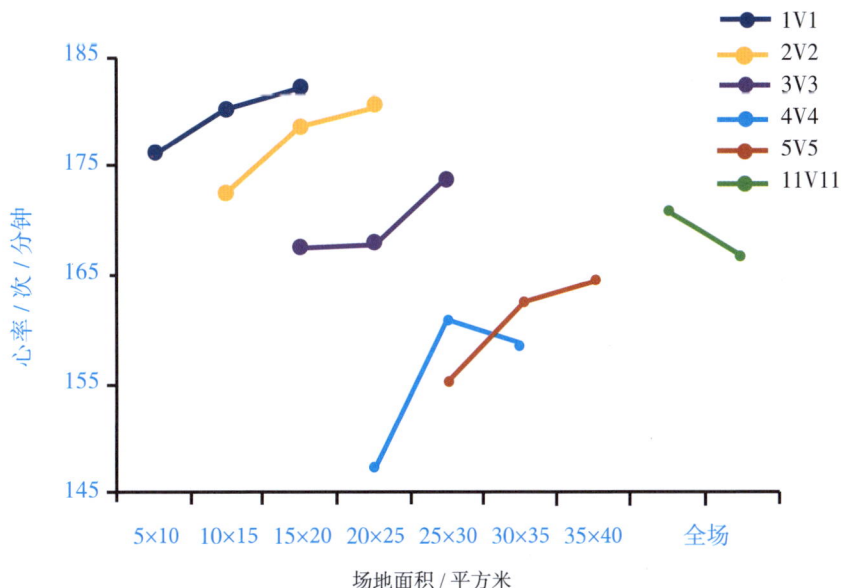

（引自 Owen 等，2004）

图 2–1　小场地对抗训练与 11 人制比赛引起的心率反应的比较

有趣的是，将 Casamichana 和 Castellano（2010）的研究结果与其他关于小场地对抗训练的持续时间或与正式比赛比较的研究进行对比时发现，有人指出"每分钟跑动距离"是球员承受的一般强度的指标，因此可以将球员每分钟跑动距离作为一个总体的任务或比赛强度指标。

最近的研究表明，在球员数量相同的情况下，球员在小场地对抗训练每分钟跑动距离从较小场地的 87 米到较大场地的 125 米不等（Casamichana 和 Castellano，2010）。这些发现与 Pereira 等人（2007）先前关于小场地对抗训练的报道一致，他们发现巴西的青少年球员每分钟跑动距离为：① 15 岁以下组别，118 米；② 17 岁以下组别，105 米；③ 19 岁以下组别，109 米。

此外，Barbero-Alvarez 等人（2007）进行的一项研究表明，西班牙青少年球员每分钟跑动距离平均为 100 米。

Owen 等人（2013）发现，与中场地对抗训练（Medium Sided Games，MSG）和大场地对抗训练（Large Sided Games，LSG）相比，小场地对抗训练能够显著加快球员的对抗节奏。此外，将球员在小场地对抗训练中的每分钟跑动距离（198.5 米）与中场地对抗训练中的每分钟跑动距离（106.9 米）和大场地对抗训练中的每分钟跑动距离（120.4 米）进行对比时发现结果是显著不同的。

事实上，与大场地相比，小场地的训练有更快的比赛节奏，这可能是因为场地小，对手离得更近，球员控球的时间有限。Owen 等人（2013）的研究显示，随着小场地、中场地到大场地对抗训练中球员人数的增加，球员会因为对手给予的压力会逐渐减小，会有更多的传球选择从而导致对抗节奏放慢，球员的跑动量降低。然而，小场地和中场地对抗训练无法像大场地对抗训练那样产生快速的动作，大场地对抗训练更贴合实际比赛。Owen 等人（2013）的研究讨论了小场地对抗训练中球员每分钟跑动距离与正式比赛或与大场地对抗训练的比较，指出精英球员在 90 分钟的比赛中跑动距离为 9~12 千米。在不考虑球员位置的情况下，球员在比赛中每分钟跑动距离平均为 111.11~133.33 米。鉴于此，当训练重点是适应比赛强度时，教练应确保球员在训练中的对抗节奏超过 111.11 米 / 分钟。

Dellal 等人（2012）对小场地对抗训练和大场地对抗训练（11V11）

进行了更具体和更详细的观察，监测了常用规则变化（无规则、一脚触球、两脚触球）对精英职业球员的技术和体能的影响。该研究比较了 5 名不同位置的球员在 4 分钟的小场地对抗训练与 11 人制大场地对抗训练的心率。结果表明：

（1）所有位置的球员在小场地对抗训练中的心率值明显高于 11 人制大场地对抗训练的心率；

（2）在无触球次数限制的小场地对抗训练中，防守型前卫、边前卫和前锋的主观体力感觉值较低；

（3）限制一脚触球或两脚触球的 4V4 小场地对抗训练增加了球员高强度跑动和完成技术动作的难度，这更符合比赛的需求（图 2-2）。

因此，教练需要完全理解球员在小场地对抗训练中所承受的不同生理负荷，尤其是在训练课中改变控球规则的情况下。另外，教练还应该了解不同位置的球员在体能、生理和技术上的差异。图 2-2 显示了某国家队在世界杯预选赛中每个位置球员的每分钟跑动距离。

（未公开的数据）

注：RB—右后卫；CB—中后卫；LB—左后卫；DCM—防守型中前卫；CM—中前卫；RW—右边锋；LW—左边锋；CF—中锋。

图 2-2　某国家队在世界杯预选赛中每个位置球员的每分钟跑动距离

利用小场地对抗训练提高体能

对球员在小场地对抗训练中的生理需求和技术需求有了更好的理解后，就可以进一步分析球员的动作特征。反复冲刺、变向、射门、抢断和带球是比赛所需要的基本技术动作。然而，小场地对抗训练中的专项技术动作会对球员的下肢肌群产生额外的负荷。这种强加于球员的额外负荷可能会使球员产生更多的身体刺激，而在疲劳状态下能执行技术和战术的能力对球员来说非常重要（Laia 等，2009）。

Dellal 等人（2011）使用不同的小场地对抗训练（2V2、3V3、4V4）比较了不同等级（业余和职业）球员的能力。结果显示，职业球员和业余球员在完成高强度动作能力上、在执行各种技术动作的综合能力上存在显著性差异。进一步的分析表明，业余球员的传球成功率较低，主观体力感觉和血乳酸值较高，冲刺跑和高强度跑的距离较短。通过对职业球员和业余球员在小场地对抗训练期间的身体运动特征比较发现，比赛水平对球员的生理反应、体能输出和完成技术动作的能力都有影响。表 2-1 显示了职业球员在小场地对抗训练（3V3）中的体能需求和技术需求。

表 2-1　职业球员在小场地对抗训练（3V3）中的体能需求和技术需求

	职业球员在小场地对抗训练（3V3）中的体能需求和技能需求（$n=20$）			
	一脚触球	两脚触球	无触球次数限制	平均
身体移动总距离 / 米	22476.6	2124.7	2014.0	2128.8
冲刺总距离 / 米	397.0	351.2	315.6	354.6
冲刺总距离的比率 /%	17.7	16.6	15.7	16.7
高强度跑动距离 / 米	523.2	473.9	422.5	473.2
高强度跑动距离的比率 / 米	23.4	22.4	21.1	22.3
1V1 拼抢次数	30.9	28.2	26.8	28.6
每分钟 1V1 拼抢次数	2.6	2.3	2.2	2.4

续表

	职业球员在小场地对抗训练（3V3）中的体能需求和技能需求（$n=20$）			
	一脚触球	两脚触球	无触球次数限制	平均
丢球总次数	17.1	15.2	14.4	15.5
每分钟丢球次数	1.4	1.3	1.2	1.3
控球时的身体移动总距离 / 米	51.8	43.8	41.7	45.8

（引自 Dellal 等，2011）

注：n 为球员数量。

场地面积的影响

研究表明，在小场地对抗训练中，可以通过调整关键变量（如球员数量、场地面积、控球规则和一个对抗练习的回合时间等）来显著影响球员的体能需求（Casimichana 和 Castellano，2010；Dellal 等，2011；Owen 等，2004；Owen 等，2011）。最近有学者对不同运动水平的球员进行研究后表明，改变场地面积可以使球员产生明显不同的生理特征和运动特征。然而，值得注意的是，也有研究观察了场地面积对球员体能的影响后提出了相反的意见。其中有一项研究表明，球员在 3 种不同面积的球场上进行小场地对抗训练，其心率反应没有显著差异（Kelly 和 Drust，2008），相反的结果是球员在不同场地面积中进行对抗训练时，其心率反应有显著差异。据报道，与在较小的场地上进行有球对抗训练相比，球员在较大场地进行有球对抗训练时的心率值较高（Owen 等，2004；Rampinini 等，2007；Casamichana，Castellano，2010）。

Kelly 和 Drust（2008）认为，为达到训练目标，训练课的组织需要仔细考虑场地面积。如果训练课的主要目标是单独或联合提高球员的体能与技术，那么教练必须选用正确面积的场地。Owen 等人（2004）认为，场地面积的变化直接影响训练强度，这与 Tessitore 等人（2006）后来的研究结果一致。Tessitore 指出，训练课的强度可以根据场地面积的不

同而增加或减少；较小的场地面积（不考虑球员数量）会使球员的训练强度从 61% VO_{2max} 增加到 76% VO_{2max}。

在一项类似的研究中，Rampinini 等人（2007）发现，同样是有球对抗训练，与在小场地和中场地进行对抗训练相比，球员在大场地进行对抗训练时的血乳酸值要高。这与 Tessitore 等人（2006）的结论一致，Tessitore 等人的研究结果显示，在更大的场地（50 米 ×40 米）进行 6V6 的比赛时，球员会有更多的有氧跑动。有研究观察了场地面积与球员主观体力感觉的关系（Rampinini 等，2007；Casamichana，Castellano，2010），与小场地对抗训练相比，球员在中场地和大场地进行对抗训练时的主观体力感觉显著升高。

在本章的后面，笔者将解释小场地对抗训练的周期化训练的效果，以及如何使用不同面积的场地来提高球员在比赛中所需的大部分体能（如高强度跑动、冲刺）。

小场地对抗训练的生理需求

在强调球员与运动距离有关的体能特征、在动作模式中所定义的速度阈值之后，球员在小场地对抗训练时的生理负荷如心率反应、血乳酸值以及内部负荷可以通过主观体力感觉来反映。这些生理需求参数是进一步理解小场地对抗训练在精英职业足球训练中作用的基础。

成年球员的生理反应显示了其在小场地对抗训练时的心率会高达 85%~95% HR_{max}，这会提高球员的有氧代谢能力和比赛表现（Hoff 等，2002；Kelly，Drust，2009）。关于小场地对抗训练心率监测的研究表明，职业球员和业余球员表达出相似的最大心率百分比（Dellal 等，2011），不同水平球员之间关键差异归因于小场地对抗训练时的动作速度（高强度跑动和冲刺），如图 2-3 所示。

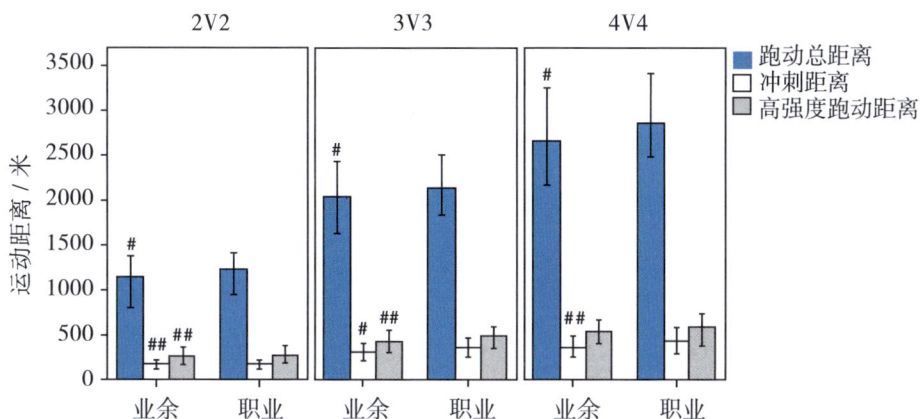

（引自 Dellal 等，2011）

图 2-3　不同水平（业余 V 职业）球员在小场地对抗训练中的高强度跑动和冲刺距离的比较

最近，Owen 等人（2011）研究了欧洲精英球员在 2 种不同的有球对抗训练中的心率反应和技术能力的差异：

（1）小场地对抗训练：3V3+ 守门员，场地为 30 米 ×25 米；

（2）大场地对抗训练：9V9+ 守门员，场地为 60 米 ×50 米。

结果表明，球员在小场地对抗训练（3V3+ 守门员）时的心率反应明显高十大场地对抗训练（图 2-4）。球员在小场地对抗训练中的心率 >85%HR_{max} 的时间明显多于大场地对抗训练（Hoff 等，2002；Kelly，Drust，2009；Dellal 等，2010）。这表明小场地对抗训练的运动强度足够使球员的心率反应达到提高有氧代谢能力的要求。

图例：
- 3V3 的最大心率
- 3V3 的平均心率
- 9V9 的最大心率
- 9V9 的平均心率

纵坐标：$\%HR_{max}$

横坐标：第一个 5 分钟　第二个 5 分钟　第三个 5 分钟

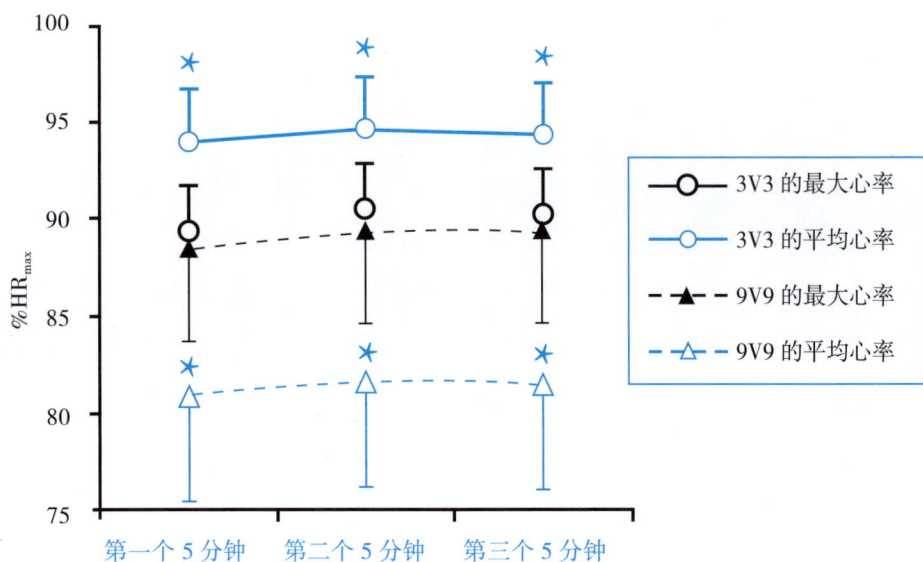

图 2-4　球员在小场地对抗训练（3V3+ 守门员）时的心率
与大场地对抗训练（9V9+ 守门员）时的心率比较

　　此外，Hoff 等人（2002）研究了小场地对抗训练是否是精英职业球员间歇训练的适宜方法，以及球员在专项训练中的心率是否是衡量实际训练强度的有效指标等课题。研究结果表明，小场地对抗训练（4V4+ 守门员）的运动强度分别为 $91.3\%HR_{max}$ 或 $84.5\%VO_{2max}$。此外，带球跑测试产生了一致的运动强度，即 $93.5\%HR_{max}$ 或 $91.7\%VO_{2max}$。图 2-5 显示了球员在小场地对抗训练、基于递增负荷跑台测试、带球跑测试中的心率–摄氧量的相关性。小场地对抗训练与跑台测试的心率–摄氧量没有明显差异，然而带球跑测试会引起更高的心率（图 2-5）。这说明在足球专项训练中，教练可以将运球或小场地对抗训练作为球员的有氧间歇训练，球员在进行足球专项训练时的心率是反映其实际运动强度的有效指标。

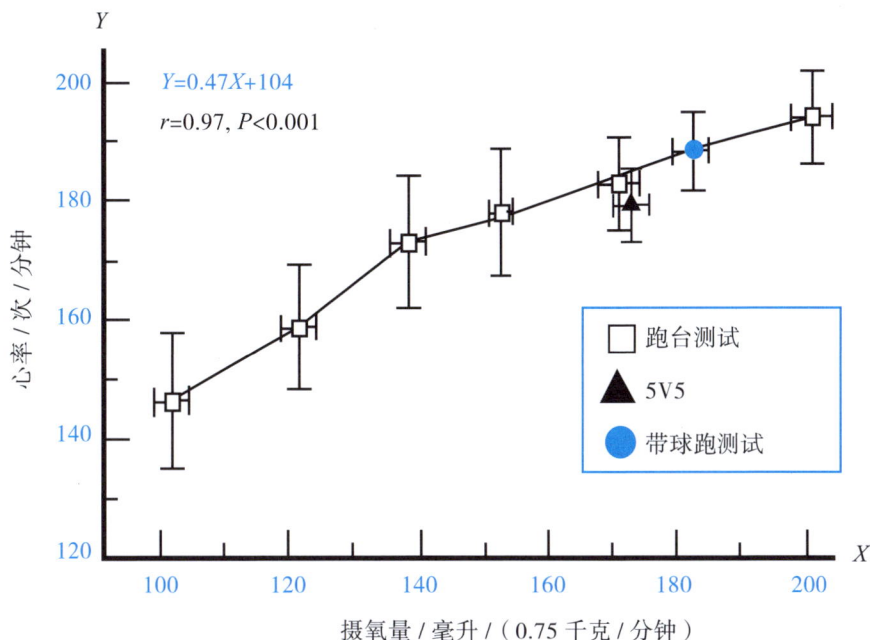

（引自 Hoffman 等，2002）

图 2-5   球员在小场地对抗训练、基于递增负荷跑台测试、带球跑测试中的心率—摄氧量的相关性

球员数量的影响

最近的研究表明，球员数量的减少会使球员的高强度动作增加（Platt 等，2001；Jones 和 Drust，2007），这一结论已经被 Owen 等人（2013）质疑。Owen 等人的研究显示，与中场地对抗训练和大场地对抗训练相比，较少球员参与的功能性小场地对抗训练中的对抗节奏更快，同时，球员的高强度动作明显减少。这些发现与 Hill-Haas 等人（2008）观察到的随着球员人数增加，球员的最大冲刺和平均冲刺持续时间和距离都增加的观点一致。

值得注意的是，对小场地对抗训练、中场地对抗训练和大场地对抗训练的分析应从速度阈值角度出发。与小场地对抗训练（如 20 米 × 30 米、3V3）相比，球员在较大场地上进行对抗训练（如 65 米 × 50 米、8V8）时达到高速度阈值（即 18 千米 / 小时）较容易，可能性也较大。因此，对球员身体运动特征的分析应连同内部负荷一并进行，这在很大程度上受到球员加速、减速和变向的影响，而不仅仅是速度的影响。

高心率阈值所占的时间

Stolen 等人（2005）的研究认为，在提高球员的有氧代谢能力方面，高心率阈值所占的时间至关重要，因为在比赛中，球员的心率一般在 80%~90%HR_{max}。根据 Owen 等人（2011）的研究，3V3+ 守门员的小场地对抗训练会导致球员高心率阈值（>85%HR_{max}）所占的时间产生明显的变化。具体而言，与大场地对抗训练相比，球员在小场地对抗训练中的 71%~84%HR_{max} 强度区间高心率阈值所占的时间明显较短，而在 85%HR_{max} 强度以上高心率阈值所占的时间明显较长。

在一项类似的研究中，Hill-Haas 等人（2010）揭示了参与一般训练方案的运动员在降低训练强度（<80%HR_{max}）的情况下高心率阈值所占的时间较多，在提高训练强度（>90%HR_{max}）时高心率阈值所占的时间较少，如图 2-6 所示（Hill-Haas，2010）。

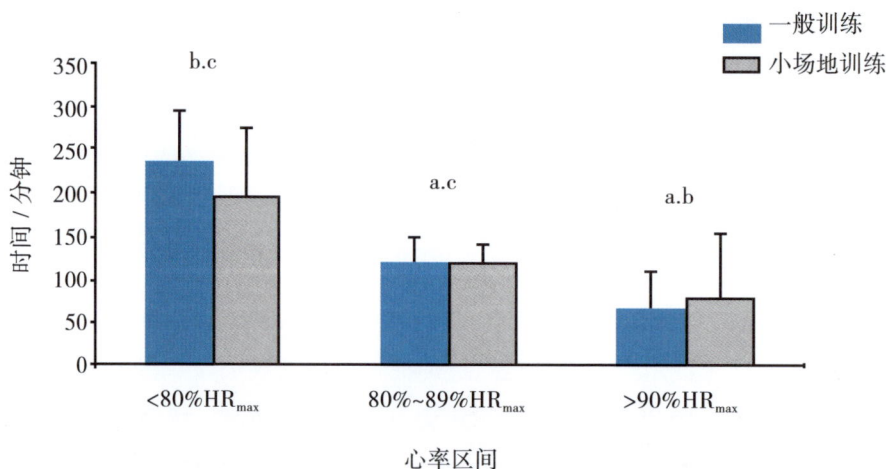

（引自 Hill-Haas 等，2010）

注：a—与 <80%HR_{max} 相比，存在显著性差异（$P<0.05$）。

b—与 80%~89%HR_{max} 相比，存在显著性差异（$P<0.05$）。

c—与 >90%HR_{max} 相比，存在显著性差异（$P<0.05$）。

图 2-6　一般训练和小场地对抗训练在不同强度区间高心率阈值所占的时间的比较

小场地对抗训练与传统体能训练

　　尽管最近有越来越多的研究支持将小场地对抗训练而不是传统的间歇训练作为足球专项训练方法（Little，Williams，2006；Rampinini 等，2007），但是必须进一步了解球员在小场地对抗训练中的急性生理反应、主观体力感觉以及运动表现的可靠性。最近有一项研究试图检验球员在各种小场地对抗训练（2V2、4V4、6V6）中的生理反应、主观体力感觉和动作特征的可变性。根据 Hill-Haas 等人（2007）的研究表明，各种小场地对抗训练（连续或间隔）会使球员产生可靠的内部负荷和外部负荷，因此教练可以对使用该方法保持较高的信心，并且可以替代传统的以跑为基础的间歇训练来提高球员的有氧代谢能力。此外，研究数据显示，球员的内部训练负荷（心率和主观体力感觉）与外部训练负荷（基于 GPS 技术测定球员的身体移动特征）具有联系，并展现了高度的复现性，因此教练监测球员训练时的生理负荷应该优先测定球员的心率和主观体力感觉。

　　有研究称，与一般的间歇性跑动相比，小场地对抗训练可以提高球员训练的积极性（Hill-Haas 等，2009）。球员训练动机的提高可能是有球训练的结果。小场地对抗训练使球员的身体素质训练更具有针对性，可以满足高水平的比赛对球员身体素质的需要。因此，球员动机水平的增加可能会使其训练强度的大幅增加。将与小场地有联系的体能需求作为训练方案后，下一步就是考虑如何实施小场地对抗训练来最大限度地提高训练效率，提高球员的体能。教练可能会产生以下具体问题：

　　（1）每个练习应有多少人参与？

　　（2）应当使用多大面积的场地？

　　（3）一堂训练课应设计多少个对抗练习？

　　（4）对抗练习的持续时间应设定为多久？

　　（5）每个对抗练习之间的恢复时间应设定为多久？

　　为了回答这些具体的问题，Hill-Haas 等人（2009）比较了一个为期 7 周的足球专项小场地对抗训练干预计划（表 2-2）和一个综合性的一般体能训练计划（表 2-3）对球员生理反应、主观体力感觉、运动表现指标的影响。研究过程如下：

（1）25名优秀青少年足球运动员被随机分成小场地对抗训练组和一般训练组；

（2）每组球员每周完成2次持续时间和运动强度相同的体能训练；

（3）在研究开始之前，每名球员都需要在训练前后完成最大摄氧量跑台测试、多级体能测试（Multistage Fitness Test，MSFT），YoYo间歇性恢复测试（级别1）、12次×20米反复冲刺能力测试和20米冲刺跑测试；

（4）在整个训练期间，持续测量球员的心率和主观体力感觉。

该研究的结论如下：

（1）尽管一般训练组认为给他们的训练干预比小场地对抗训练组更强烈，但两组球员之间的心率或主观体力感觉测定值没有显著差异；

（2）在研究期间，两组球员的最大摄氧量、多级体能测试、12次×20米反复冲刺能力测试和20米冲刺跑测试均未发生变化，但YoYo间歇性恢复测试（级别1）成绩在训练结束后比训练前有所改善；

（3）Hill–Haas等人（2009）认为，经过一段时间的训练后，两组球员之间的YoYo间歇性恢复测试（级别1）成绩没有显著性差异。同时，研究强调，即使一般体能训练组被认为具有更高的强度，但两种类型的训练在赛季前提高足球专项有氧代谢能力的效果相当。

表 2-2　小场地对抗训练干预计划

周	训练课1	重复次数×持续时间/休息时间	场地大小	训练课2	重复次数×持续时间/休息时间	场地大小	总时间
第1周	3V3	3×11分钟/3分钟	30米×20米	7V7	3×13分钟/2分钟	25米×35米	72分钟
第2周	3V3	4×9分钟/2分钟	30米×20米	7V7	3×11分钟/2分钟	55米×40米	69分钟
第3周	3V3	6×6分钟/1分钟	30米×15米	6V6	3×13分钟/2分钟	40米×30米	75分钟

续表

周	训练课 1	重复次数 × 持续时间 / 休息时间	场地大小	训练课 2	重复次数 × 持续时间 / 休息时间	场地大小	总时间
第 4 周	6V6	3 × 11 分钟 / 2 分钟	45 米 × 30 米	5V5+1/ 5V6	3 × 11 分钟 / 2 分钟	60 米 × 40 米	66 分钟
第 5 周	6V6+1/ 6V7	3 × 13 分钟 / 2 分钟	50 米 × 30 米	5V5	3 × 11 分钟 / 2 分钟	45 米 × 35 米	72 分钟
第 6 周	6V6	3 × 10 分钟 / 2 分钟	50 米 × 40 米	6V6	3 × 12 分钟 / 2 分钟	40 米 × 30 米	66 分钟
第 7 周	2V2	3 × 7 分钟 / 1 分钟	20 米 × 15 米	4V4	2 × 11 分钟 / 2 分钟	40 米 × 20 米	43 分钟

（引自 Hill-Haas 等，2009）

表 2-3　一般体能训练计划

周	训练课 1 的说明（重复次数 × 持续时间或距离 / 休息时间）	训练课 2 的说明（重复次数 × 持续时间或距离 / 休息时间）	时间
第 1 周	AP：10 × 30 秒 /60 秒； 8 × 45 秒 /90 秒	RSA：7 × 34 米 /35 秒（1 组） PIH：3 × 5 秒 /15 秒； 3 × 10 秒 /20 秒； 3 × 15 秒 /30 秒； 3 × 30 秒 /60 秒； 3 × 45 秒 /60 秒； 3 × 60 秒 /90 秒； 3 × 90 秒 /90 秒	70 分钟

续表

周	训练课 1 的说明（重复次数 × 持续时间或距离 / 休息时间）	训练课 2 的说明（重复次数 × 持续时间或距离 / 休息时间）	时间
第 2 周	SL：15 分钟 SP：8×15 米 /15 秒； 　　8×20 米 /20 秒； 　　10×20 米 /40 秒； 　　4×15 米 /10 秒 CODS：8 分钟	AP：8×60 秒 /90 秒； 　　10×30 秒 /45 秒	69 分钟
第 3 周	RSA：7×34 米 /35 秒（1 组） PIH：2×90 秒 /90 秒； 　　2×60 秒 /90 秒； 　　2×45 秒 /60 秒； 　　4×30 秒 /60 秒； 　　3×20 秒 /40 秒； 　　4×15 秒 /30 秒； 　　4×10 秒 /20 秒； 　　4×5 秒 /15 秒	SL：15 分钟 SP：9×15 米 /15 秒； 　　9×20 米 /20 秒； 　　10×10 米 /40 秒； 　　5×15 米 /10 秒 CODS：10 分钟	75 分钟
第 4 周	AP：10×8×60 秒 /60 秒； 　　1×10×45 秒 /45 秒	RSA：7×34 米 /35 秒（1 组） PIH：3×5 秒 /15 秒； 　　3×30 秒 /60 秒； 　　4×20 秒 /40 秒； 　　5×15 秒 /30 秒； 　　5×10 秒 /20 秒； 　　5×5 秒 /15 秒； 　　1×45 秒 /60 秒； 　　1×60 秒 /90 秒； 　　1×90 秒 /90 秒	66 分钟
第 5 周	AP：1×11×30 秒 /60 秒； 　　1×9×45 秒 /90 秒	SL：8 分钟 SP：10×10 米 /15 秒； 　　10×20 米 /20 秒； 　　10×10 米 /40 秒； 　　6×15 米 /10 秒 CODS：12 分钟	72 分钟

续表

周	训练课 1 的说明（重复次数 × 持续时间或距离 / 休息时间）	训练课 2 的说明（重复次数 × 持续时间或距离 / 休息时间）	时间
第6周	RSA：7 × 34 米 /35 秒（1 组） PIH：2 × 90 秒 /90 秒； 　　　2 × 60 秒 /90 秒； 　　　2 × 45 秒 /60 秒； 　　　4 × 30 秒 /60 秒； 　　　3 × 20 秒 /40 秒； 　　　4 × 15 秒 /30 秒； 　　　4 × 10 秒 /20 秒； 　　　4 × 5 秒 /15 秒 RSA：7 × 34 米 /35 秒（1 组）	AP：1 × 9 × 60 秒 /90 秒； 　　 1 × 11 × 30 秒 /45 秒	66 分钟
第7周	PIH：1 × 90 秒 /90 秒； 　　　1 × 60 秒 /45 秒； 　　　1 × 45 秒 /60 秒； 　　　3 × 30 秒 /60 秒； 　　　2 × 20 秒 /40 秒； 　　　3 × 15 秒 /30 秒； 　　　3 × 10 秒 /20 秒； 　　　3 × 5 秒 /15 秒	AP：1 × 6 × 30 秒 /60 秒； 　　 1 × 5 × 45 秒 /90 秒	43 分钟

（引自 Hill-Haas 等，2009）

注：此表是一般训练组每周 2 次体能训练课的内容。

AP—Aerobic Power，有氧功率（强度 > 90%HR$_{max}$）。

PIH—Prolonged Intermittent High Intensity Interval（maximum intensity），长时间高强度间歇训练（最大强度）。

SP—Sprint Training（10m, 15m and 20m sprints），冲刺训练（10 米、15 米和 20 米冲刺）。

CODS—Change of Direction Speed Drills，变向速度练习。

RSA—Repeated Sprint Ability（maximum intensity），反复冲刺能力（最大强度）。

SL—Speed Ladder Drills，绳梯速度练习。

精英级足球的小场地对抗训练

Owen 等人（2012）做了一项关于精英职业球员使用小场地对抗训练的研究，这是迄今为止关于这个主题的唯一研究，旨在研究小场地对抗训练给精英球员生理表现带来的益处。研究使用的是 3V3+ 守门员的训练，这种训练形式在已发表的关于小场地对抗训练的文章中最为常见。而在精英级职业足球的实际训练中，4V4 和 5V5 的比赛是更常用的方法。训练在 25 米 ×30 米的区域内进行，每个球员有约 125 平方米的场地面积，这与竞技比赛中的比例近似。Owen 等人（2012）利用小场地对抗训练（表 2-4）在赛季中歇期对英超联赛的优秀球员进行了为期 4 周、共计 7 次的小场地对抗训练干预，每场对抗训练持续 3 分钟，被动恢复 2 分钟。训练课前后 2 天时间内进行如下测试：

（1）第一天：身体成分和反复冲刺能力评估；

（2）第二天：利用跑台进行跑步经济性测试和血乳酸测试。

此研究的结论是，4 周的小场地对抗训练干预可显著提高球员的反复冲刺能力，具体表现为 10 米冲刺速度提高、总冲刺速度提高和疲劳百分比显著降低。此外，小场地对抗训练还改善了球员的跑步经济性，体现在 9 千米 / 小时、11 千米 / 小时和 14 千米 / 小时速度下的耗氧量和心率显著降低。

总的来说，最近的研究致力于将小场地对抗训练作为一种积极影响球员专项表现能力的方法。实施周期化小场地对抗训练干预被证明具有与一般非专项体能训练课一样的效果 (Hill-Haas 等，2009)，能提高精英球员的体能（Owen 等，2012）。

总结

小场地对抗训练因为能够将球员的体能、技术能力和战术能力的提高结合在一起训练，而成为受体能教练、技术教练和球员欢迎的训练方法。查阅现有少数研究体能、技术能力和战术能力决定精英球员表现的文献发现，小场地对抗训练不仅可以提高球员的跑步经济性以减少球员在比赛中的能量消耗，还可以提高反复冲刺能力。另外，小场地对抗训练可以对球员机体持续产生超负荷的应激，提高球员的训练效率，改善球员在比赛期间从大强度技术动作中恢复的能力，这种能力体现为反复冲刺能力的提高。

表 2-4　研究采用的小场地对抗训练计划

	星期一	星期二	星期三	星期四	星期五	星期六	星期日
第 0 周				实验前测试	休息	实验前测试	放假
第 1 周	Tech+Tact	SSG1+IP	LITR	Tech+Tact	SSG2+IP	LITR	放假
第 2 周	Tech+Tact	SSG3 +IP	LITR	Tech+Tact	SSG4+IP	LITR	放假
第 3 周	Tech+Tact	SSG5+IP	LITR	Tech+Tact	SSG6+IP	LITR	放假
第 4 周	SSG7+IP	Tech+Tact	LITR	实验后测试	休息	实验后测试	放假

（引自 Owen 等，2012）

注：IP—Injury prevention（low intensity work），损伤预防训练（低强度动作）。

　　Tact—Tactical session（low intensity），战术训练（低强度）。

　　LITR—Low intensity recovery session，低强度恢复训练。

　　Tech—Technical session（low intensity），技术训练（低强度）。

　　SSG—Small Sided Games，小场地对抗训练。

2.2 影响小场地对抗训练强度的变量

场地面积

有学者声称改变场地面积对球员做大多数技术动作（如传球、接球、运球或拦截）的频率没有显著影响（Tessitore 等，2006；Kelly，Drust，2008）。然而，有两项研究揭示了球员在较小场地进行对抗训练会有较多的防守行为和射门次数，如拦截和铲球（Kelly，Drust，2008；Owen 等，2004）。这可能是较小的场地导致对方球员在控球时的空间很小，球员间的身体接触更多，传球的选择更少，从而提高了防守水平。射门次数的增加可能是由于球员距离球门更近。

Casamichana 和 Castellano（2010）研究发现，球员的技术动作的增加与场地面积的减小有直接关系（表 2-5、表 2-6），这与该领域之前的文献研究一致（Kelly 和 Drust，2009；Owen 等，2004；Tessitore 等，2006）。然而，这些早期的研究只报道了抢断和射门存在显著差异，而 Casamichanao 和 Castellano 的研究（2010）发现拦截、控球与运球、控球并射门，以及防守解围的次数有显著性差异。因此，针对球员个体专项化的位置技术能力进行训练时，场地面积显得极其重要。

早期关于场地面积对球员的影响的研究一致认为，场地面积的改变对不同水平球员的体能和技术要求都有显著影响（Rampinini 等，2007；Kelly，Drust，2008；Owen 等，2004；Tessitore 等，2006）。教练要努力使场地面积和球员数量标准化，否则就有可能在体能和技术能力方面产生与类似训练内容截然不同的效果。

关于场地面积对精英球员运动表现的影响需要进一步研究。最近的研究一致认为，将场地面积标准化是为了进一步观察其改变对球员生理参数的影响。Aguiar 等人（2012）的研究表明，各个学者的研究结果产生分歧的起源是已有的研究采用的场地面积各不相同（表 2-7）。

除了以前的研究结果，最近发表的关于足球专项训练课对球员技术能力影响的文章称，"在足球专项训练课中，球员的大多数动作的频率（如传球、接球、运球等）没有显著差异（Kelly，Drust，2008；Tessitore 等，

2006）。"然而，其他对小场地对抗训练技术分析的研究结果显示，在较小面积的场地内，球员射门和抢断的数量更高（Kelly，Drust，2008；Owen 等，2004）。（图 2-7、图 2-8）

表 2-5　3 种场地形式的对抗训练（5V5+ 守门员）的特征

参数	标准场地	有球对抗训练		
		大场地	中场地	小场地
持续时间	2×40 分钟	8 分钟	8 分钟	8 分钟
场地大小	88 米 ×62 米	62 米 ×44 米	50 米 ×35 米	32 米 ×23 米
场地面积	5456 平方米	2728 平方米	1750 平方米	736 平方米
场地比例（长：宽）	1.4：1	1.4：1	1.4：1	1.4：1
每名球员所占面积	272.8 平方米	272.8 平方米	175 平方米	73.6 平方米
守门员	有	有	有	有
规则	同 11 人制	—	无越位	—
教练鼓励	有	有	有	有

（引自 Casamichana 和 Castellano，2010）

表 2-6　改变场地面积后的技术需求

动作	大场地	中场地	小场地	与 EPT 的相关性
抢断	3.0±0.9（2.1~3.9）	4.5±2.1（2.3~6.7）	3.0±2.7（0.2~5.8）	0.148
拦截	6.3±1.5（4.7~7.9）	8.3±2.6（5.6~11.0）	11.2±3.1（7.9~14.4）[a]	−0.522*
控球	1.7±1.7（−0.2~3.5）	1.8±1.3（0.4~3.2）	2.8±0.9（1.8~3.9）	−0.394
控球并带球	1.7±0.8（0.8~2.5）	4.5±1.5（2.9~6.1）[c]	5.2±1.7（3.4~7.0）[a]	−0.494 *

续表

动作	大场地	中场地	小场地	与 EPT 的相关性
控球、带球和传球	14.2 ± 4.2 （0.8~18.5）	13.8 ± 5.5 （8.1~19.6）	10.2 ± 6.5 （3.3~17.0）	−0.277
控球与传球	18.7 ± 4.3 （14.1~23.2）	16.8 ± 6.1 （10.4~23.2）	14.5 ± 6.6 （7.6~21.4）	−0.204
控球与射门	2.2 ± 1.7 （0.4~3.9）	1.8 ± 1.6 （0.1~3.5）	5.0 ± 2.4 （2.5~7.5）[b]	−0.451
控球、带球和射门	1.0 ± 0.6 （0.3~1.7）	1.5 ± 1.97 （−0.6~3.6）	2.5 ± 0.5 （1.9~3.1）	−0.346
头球	1.7 ± 1.0 （0.6~2.7）	2.3 ± 2.2 （−0.3~4.7）	4.0 ± 2.1 （1.8~6.2）	−0.542
一脚传球	9.0 ± 5.6 （3.1~14.9）	11.3 ± 2.9 （8.2~14.4）	10.3 ± 3.3 （6.8~13.8）	−0.105
解围	2.3 ± 1.0 （1.2~3.4）	3.8 ± 2.6 （1.1~6.6）	8.0 ± 2.9 （4.9~11.1）[ab]	−0.566
重新开始对抗训练的次数※	12.2 ± 4.3 （7.6~16.7）	16.5 ± 1.6 （14.8~18.2）	27.7 ± 3.8 （23.6~31.7）[ab]	−0.871**

（引自 Casamichana，Castellano，2010）

注：表中前三列数字为球员在不同形式的小场地对抗训练中可观察到的行为的平均值 ± 标准差；

最后一列是有效训练时间（Effective Playing Time，EPT）与每个体能参数之间的相关性。

※ 译者注：由于小场地比赛中经常出现球出界而中断比赛的情况，因而重新开球的次数较多。

邦弗朗尼法（Bonferrono）的事后检验结果：a—小场地 > 大场地（$P<0.05$）；b—小场地 > 中场地（$P<0.05$）；c—中场地 > 大场地（$P<0.05$）

皮尔逊相关系数：*$P<0.05$；**$P<0.01$

表 2-7　近年来小场地对抗训练研究中使用的场地面积

小场地对抗训练的形式	使用的场地面积			参考文献
	最小		最大	
1V1		100 平方米(50 平方米/人)		Dellal 等（2008）
2V2	400 平方米（100 平方米/人）		800 平方米（200 平方米/人）	Dellal 等（2008）；Hill-Haas 等（2009）
3V3	240 平方米（40 平方米/人）		2500 平方米（416.6 平方米/人）	Owen 等（2004）
4V4	240 平方米（30 平方米/人）		2208 平方米（276 平方米/人）	Owen 等（2012）；Owen 等（2011）；Coutts 等（2009）
5V5	240 平方米（24 平方米/人）		2500 平方米（250 平方米/人）	Owen 等（2013）；Owen 等（2004）；Coutts 等（2009）
6V6	240 平方米（20 平方米/人）		2400 平方米（200 平方米/人）	Coutts 等（2009）
7V7	875 平方米（62.5 平方米/人）		2200 平方米（157.1 平方米/人）	Owen 等（2013）；Coutts 等（2009）
8V8	2400 平方米（150 平方米/人）		2700 平方米（168.7 平方米/人）	Jones 和 Drus（2007）；Dellal 等（2008）

（改编自 Aguiar 等，2012）

（引自 Owen 等，2004）

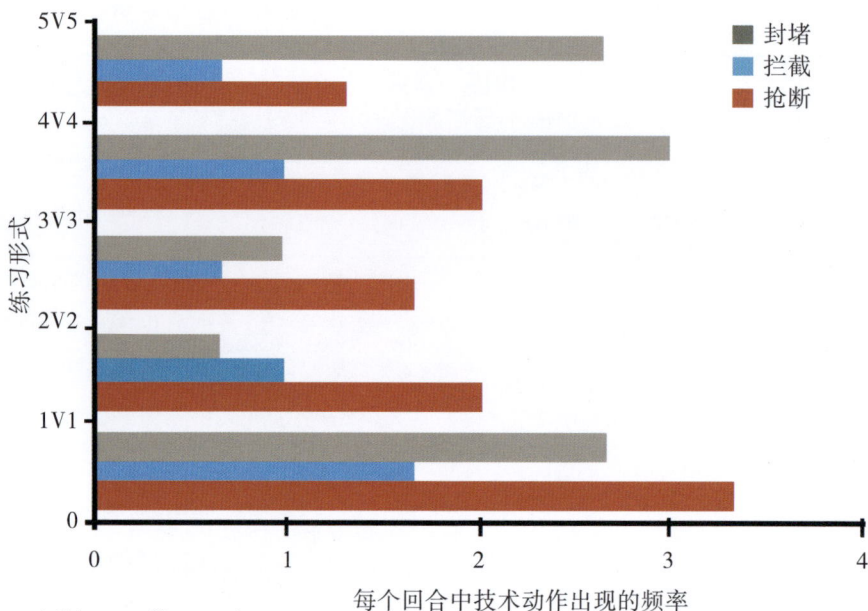

图 2-7　不受场地面积影响的各种小场地对抗训练中的防守技术使用频率

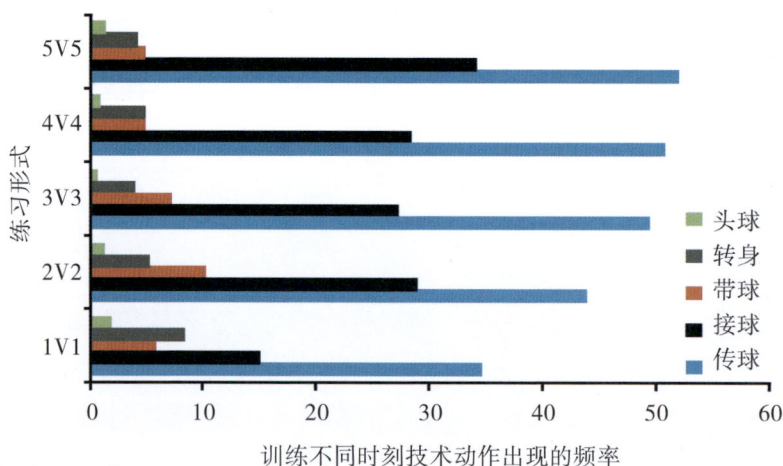

（引自 Owen 等，2004）

图 2-8　不受场地面积影响的各种小场地对抗训练中的进攻技术使用频率

球员数量

有关场地面积相同、球员数量不同的研究认为，球员数量较少时，与大场地对抗训练相比，球员在小场地对抗训练中的心率反应显著增加（Owen 等，2011；Hill-Haas 等，2010；Little，Williams，2006；Owen 等，2013）。但一些报告显示了相反的结论，主要表现为球员在不同面积的场地内训练的心率反应无显著性差异（Dellal，2008；Hill-Haas 等，2008），这个结论倾向于推广在相同面积的场地内进行球员数量不同的小场地对抗训练（如 2V2、3V3），以引起球员不同的生理反应和动作特征（Williams，Owen 等，2007；Hill-Haas 等，2010；Katis，Kellis，2009；Owen 等，2004；Rampinini 等，2007）。在人数较少的小场地对抗训练中，球员的生理反应（心率和血乳酸浓度升高）与场地面积有限、球员数量较少有关，进而对球员技术能力的要求更高（Owen 等，2004）。Dellal 等人（2011）认为，触球次数是精英级足球比赛中的一个基本要素。因此，在整个训练过程中，球员使用更多的技术动作将会提高其运动表现。

球员数量对传球次数的影响

以前的研究仅检验了对抗双方在人数均等（如 2V2 或 4V4）的情况下，改变双方球员数量对传球次数的影响。需要注意的是，有一些研究观察了小场地对抗训练施加给精英职业球员的技术需求，并与中场地对抗训练和大场地对抗训练的技术需求进行比较（Dellal 等，2011；Dellal 等，2012）。研究发现，球员在不同场地类型的对抗性训练（小场地对抗训练、中场地对抗训练和大场地对抗训练）的传球次数存在显著差异，如表 2-8 所示（Owen 等，2013）。结果表明，球场上的球员越多（如 9V9、10V10 和 11V11），传球总次数越少。这可能是因为在面积较小的场地内，球员数量减少会给控球的球员带来更大的压力，从而增加传球次数。大场地对抗训练不会让球在控球时承受太多的压力，因此会让他们有更多的时间控球。

表 2-8　小场地、中场地和大场地对抗训练技术表现的比较

技术动作	SSGx	MSGy	LSGz	效应量（Effect Size）
传球	184.8（16.8）[yz]	147.5（20.6）[z]	121.2（5.0）	SSG V MSG：1.5 SSG V LSG：3.7 MSG V LSG：1.3
接球	147.8（23.3）[yz]	117.2（20.0）	94.0（2.1）	SSG V MSG：1.0 SSG V LSG：2.3 MSG V LSG：1.2
转身	29.0（2.4）	31.2（3.1）	29.0（5.8）	SSG V MSG：0.6 SSG V LSG：0 MSG V LSG：0.3
带球	27.0（4.9）[yz]	14.3（7.3）	16.7（3.5）	SSG V MSG：1.5 SSG V LSG：1.8 MSG V LSG：0.3
头球	3.3（2.2）[z]	3.7（1.4）[z]	9.2（2.2）	SSG V MSG：0.2 SSG V LSG：2.0 MSG V LSG：2.2
抢断	14.8（4.8）	9.0（3.6）	10.3（1.5）	SSG V MSG：1.0 SSG V LSG：0.9 MSG V LSG：0.3
封堵	6.3（3.1）	7.8（1.6）	9.3（2.1）	SSG V MSG：0.4 SSG V LSG：0.8 MSG V LSG：0.6
拦截	14.5（8.2）	18.5（2.1）	23.7（6.7）	SSG V MSG：0.5 SSG V LSG：0.9 MSG V LSG：0.8
射门	52.0（7.4）[yz]	3.3（2.2）[z]	12.8（6.3）	SSG V MSG：1.8 SSG V LSG：4.2 MSG V LSG：1.8

（引自 Owen 等，2013）

注：SSG—4V4；MSG—5V5~8V8；LSG—9V9~11V11。

　　x、y、z 表示不同训练形式，即小场地（x），中场地（y）和大场地（z）的显著性差异。例如，在 SSG 的传球那一行，184.8（16.8）有一个 yz 的上角标，这是因为 SSGx 与 MSGy 以及 LSGz 相比具有显著性差异。

球员数量对带球次数的影响

Owen 等人（2013）发现，与中场地对抗训练和大场地对抗训练相比，球员在小场地对抗训练中的运球次数明显增多（表 2-8），由于传球的选择更少，所以球员需要运球过人来创造空间从而保持控球。然而，关于这个主题为数不多的研究认为，教练在设计训练计划时就应该仔细考虑球员的数量，并采用周期化的方法设计每周的训练计划。学者们似乎都认为较少人数的球员能带来更有效的技术训练，因为球员人数少，球员的技术动作的超负荷会增加。

小场地对抗训练的周期化

在专项训练日决定使用多大的场地进行有球对抗训练，以便球员在技术和身体方面达到专项化训练的适应，是教练设计训练时需要考虑的基本部分。通常情况下，教练在设计这种训练时会选择对抗双方有固定的和相同数量的球员。然而，Aguiar 等人（2012）最近提出，教练使用多样的小场地对抗训练的做法越来越普遍，其中包括使用双方人数不等的对抗性训练。有一篇文章对于"人多"（overload，人数较多）和"人少"（underload，人数较少）的对抗双方进行了研究，发现尽管人数较少一组的球员的主观体力感觉比人数较多一组的要高，但是双方在动作特征和生理反应上没有差异（Hill-Haas 等，2010）。根据这些研究者的观点，"人多"或"人少"的情况可以控制小场地对抗训练强度，或者作为一种技术或战术训练方法来提高球员的防守和进攻能力。双方人数不对等的对抗训练反映了球员的技术表现明显不同，但是否能够达到专项化的目标，还需要进一步的研究。

研究精英级职业足球专项技战术变化（如是否包括越位规则、限制球员在特定的区域内移动）将有助于教练制订周期化的技术能力、战术能力和体能提高计划。

同时改变场地面积和球员数量

研究表明，小场地对抗训练（3V3）可以使球员产生更高的心率反应以及有更多的触球次数，但与大场地对抗训练相比，每场比赛的总触球次数较少（Owen 等，2011）。这项研究只考虑了心率和技术参数，没有进行运动学分析来说明动作细节。同样，Dellal（2012）发现与大场地对抗训练相比，所有位置的球员在小场地对抗训练（4V4）中都有着更高的心率和更高强度的活动，但血乳酸浓度更低。然而我们曾质疑过将血乳酸浓度作为比赛训练强度的指标。

尽管对小场地对抗训练（4V4、5V5）对球员的体能、技术和运动特征的影响，以及它们在足球运动中的应用进行了广泛的研究（Owen 等，2011；Dellal 等，2011；Casamichana，Castellano，2010；Casamichana 等，2012；Owen，2012），但对如何最大化发挥其功能的研究还很少。有研究已经单独讨论了球员在小场地对抗训练中的生理反应，因此，小场地对抗训练不仅可以作为高级训练计划的一部分（Owen 等，2012），还可以作为足球队的日常训练。为了有效地利用小场地对抗训练对球员进行体能训练，教练需要了解所有影响对抗性训练效果的因素，以及球员因此而产生的生理反应和运动特征（Hill-Hass，2009）。

Owen 等人（2011）指出，当同时增加场地面积和球员数量时，从技术要求来看，小场地对抗训练和大场地对抗训练有明显的不同（如小场地对抗训练中的封堵、头球、拦截、传球较少，运球、射门和铲球较多）。这些结果表明，与大场地对抗训练相比，球员在小场地对抗训练每个回合中的总触球次数明显减少，而每名球员的触球次数明显增加。

当场地面积和球员数量不同时，对抗训练对球员的技术要求是不同的，因此，教练可以通过特定的场地对抗训练来对场上不同位置的球员进行专项训练。如某些小场地对抗训练可能更适合中场球员或前锋球员的技术训练，因为他们能够创造更多带球、抢断并射门的机会，增加触球次数和有球的动作次数。后卫则更适合大场地训练来提高他们的位置技术能力和战术能力，这是基于大场地对抗训练可以让球员有更多的机会去封堵、拦截和争夺空中球机会的研究报道。

这些结果与另一项比较中场地对抗训练（8V8）和小场地对抗训练（4V4）差异的研究相一致（Jones，Drust，2007）。此研究揭示了球员在触球次数方面存在显著的技术差异，强调当球员数量较少时，每个球员的触球次数会增加。

总的来说，我们可以得出这样的结论: 同时改变场地面积和球员数量，对抗训练对球员技术的要求则明显不同，随着球员数量的增加，对球员的技术要求越来越高。例如，在中场地和大场地进行对抗训练时，球员可能会下意识地回到特定的战术位置，而小场地对抗训练则会出现相反的效果，即球员在有限的战术方法中更多地向对方施压以及换位。小场地对抗训练通过增加训练强度来增加球员的内部负荷（心率反应）和外部负荷（速度）。

改变规则

最近的文献讨论了许多在足球训练中调整训练强度和技术负荷的方法。其中有研究建议，除了改变球员数量和场地面积，还可以对技术规则进行限制（Aauiar 等，2012；Clemente 等，2012）。一些研究提出，教练可以通过增加冲刺跑和高强度跑的总距离来增加球员面对更多的 1V1 对抗的机会，以及球员触球和控球的次数，并让球员在比赛情境下进行训练。

从目前的文献来看，改变各种小场地对抗训练的技术规则会对球员的生理和运动响应需求产生重大影响。但是，量化具体规则的变化对场上不同位置球员的移动与技术需求可能产生的确切影响还需要进一步研究。Dellal 等人（2011）的研究是迄今为止唯一一个观察精英级足球领域中改变规则对球员技术能力影响的报道。在球员的触球次数对其体能和技术反应的影响方面似乎有一个巨大的研究空白。这个领域有一项研究是针对青少年球员（Sampaio 等，2007）和业余球员（Aroso 等，2004），结果显示，当小场地对抗训练在没有规则限制与有每名球员最多 2~3 脚触球的规则限制相比时，球员在有规则限制时的主观体力感觉值和血乳酸浓度会增加。应该注意的是，在对精英级足球和青少年球员

的研究中均没有发现球员的最大心率发生变化。与 Dellal 等人（2011）类似的研究涉及了在精英职业足球中使用修改的技术规则（如改变每名球员的触球次数、是否包含越位规则和限制球员移动等突出特定的战术元素）对球员技术能力的影响。

最近，Ngo 等人（2012）研究了在小场地对抗训练中改变防守规则的训练效果。该研究对有盯人防守和无盯人防守的 3V3 练习的训练强度做了对比分析。结果显示，当青少年球员在小场地对抗训练中实施盯人规则时，球员的心率提高了 4.5%。这表明使用盯人规则可以使小场地对抗训练的强度显著提高。

在不同水平的比赛中，技术教练往往会修改比赛规则，从而提高球员的技术能力或战术能力。研究（Dellal 等，2008）证明，训练规则的改变能进一步影响球员的生理和技术的需求，可以达到预期的训练效果。如果精英职业球员想要在现代足球运动中取得成功，那么在极高的强度下比赛时，为了保持控球权，他们的触球次数要少（Dellal，2008）。

最近一项关于小场地对抗训练的专项研究发现了一个非常有趣的现象（Dellal，2011）。球员在 3 种不同的情况下进行 3 种不同的小场地对抗训练（2V2、3V3、4V4），其中触球次数限定为 1 次触球、2 次接触和无限制。球员的生理参数（心率、血乳酸值、主观体力感觉）和技术能力的变化如下：

（1）技术：1 次触球的小场地对抗训练中，球员的传球成功率和拼抢（1V1）次数明显较低；

（2）体能：1 次触球的小场地对抗训练中，球员的血乳酸值、主观体力感觉、总移动距离、冲刺跑距离和高强度跑距离增加。

研究总结

此研究的结论认为，教练可以改变在特定小场地对抗训练中允许的触球次数来把控训练的技术和体能需求。因此，教练应该设定比赛规则（如 1 次触球、2 次触球或无限制），以达到训练课特定的目的（Dellal 等，2011）。

表 2-9 在不同小场地对抗训练形式中，不同规则对球员技术能力的影响

练习形式	规则	拼抢次数	每分钟拼抢次数	传球成功率 / %	丢球次数	每分钟丢球次数	控球总数
2V2	1 次触球	17.1	2.1	42.5	23.5	2.9	50.6
	2 次触球	28.5	3.6	60.5	14.1	1.8	41.4
	无限制	26.1	3.2	66.4	13.9	1.7	40.9
3V3	1 次触球	30.9	2.5	52	17.1	1.4	51.8
	2 次触球	28.1	2.4	69.9	15.1	1.3	43.7
	无限制	26.8	2.2	71	14.3	1.2	41.7
4V4	1 次触球	18.0	1.1	49.8	14.8	0.9	41.6
	2 次触球	16.5	1.0	68.9	13.6	0.8	34.7
	无限制	25.1	1.5	73.4	13.2	0.8	31.5

（引自 Dellal 等，2011）

注：表中的数据为平均值。

（1）不同训练的表现结果

在不同级别球员（如从青少年球员到精英职业球员）的足球训练中，教练可以使用不同的得分方法。为了使训练内容多样化，最重要的方法之一是使用球门。根据以往的研究，影响训练强度的方法之一是设置不同的得分方式（Bangsbo，1994；Balsom，2000；Mallo，Navarro，2008）或者设定对抗训练的目标（进球或保持控球时有一定数量的连续传球）。根据 Clemente 等人（2012）的研究，尽管足球比赛的主要目标是比对手进更多的球，但还没有关于球门（小球门或传统尺寸的球门）对球员的技术或生理要求影响方面的具体研究。

有人可能会建议用较小的球门代替传统尺寸的球门，因为这可以限制球员进球得分的机会。球门尺寸减小，球员就会持续控球以创造更好

的射门机会，而较长时间的控球可以增加球员的运动强度和身体移动的距离。

Duarte 等人（2010）研究了设置 3 种不同的训练目标对球员的影响（图 2-9A、图 2-9B、图 2-9C），采用了以下三种得分策略：

· 底线得分：带球超过球场底线即得分；

· 双球门得分：传切配合后攻入底线上 2 个球门的任何 1 个得分；

· 传统球门得分：与正式比赛中一个球门摆在底线中央情况下的得分规则相同。

结果显示，球员在底线得分情况下的心率反应比双球门得分、传统球门得分低（Duarte 等，2010）。因此，笔者认为，底线得分的训练是更标准化的心血管系统训练。

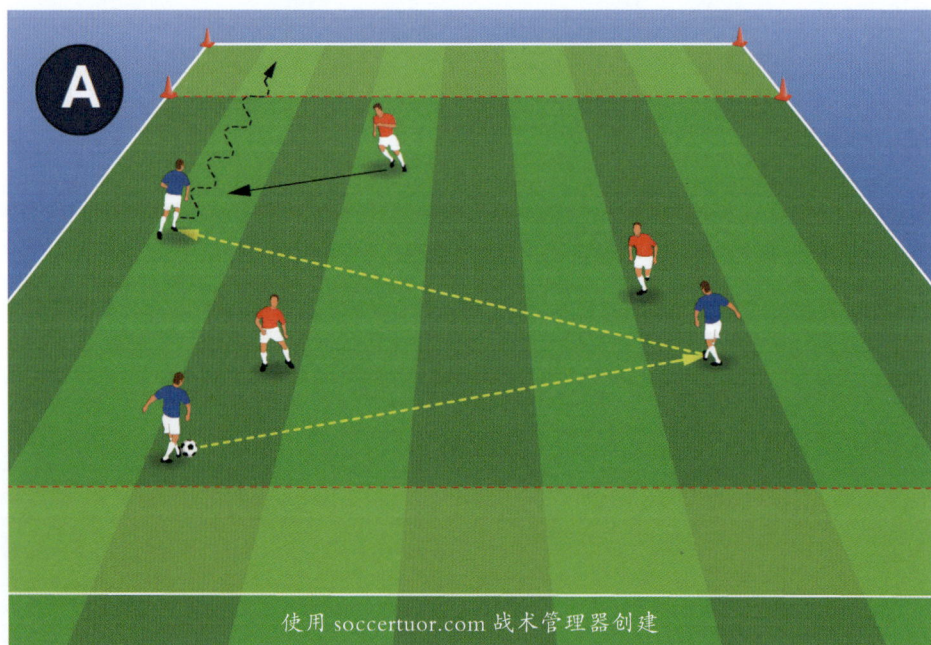

使用 soccertuor.com 战术管理器创建

（引自 Duarte 等，2010）

图 2-9A   底线得分的训练范例

（引自 Duarte 等，2010）

图 2-9B 双球门得分的训练范例

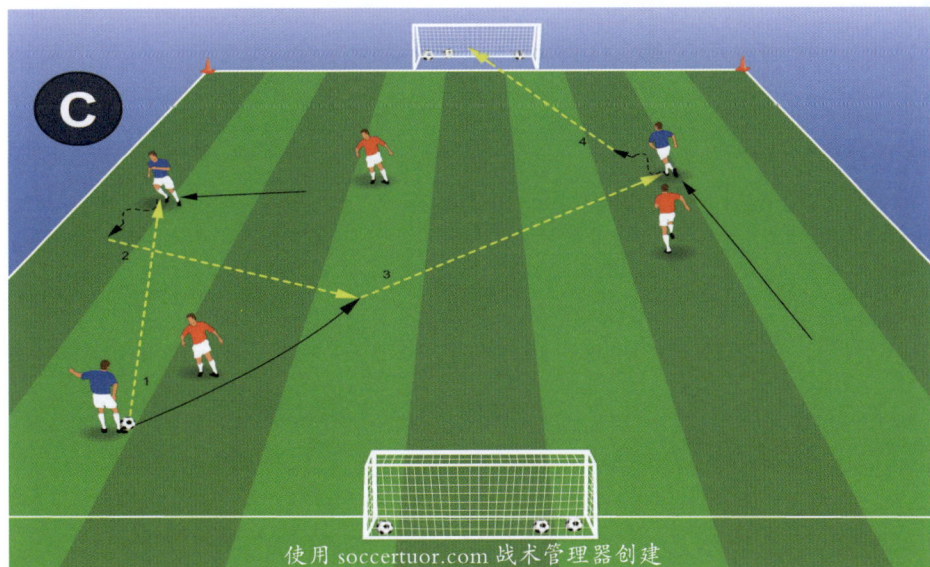

（引自 Duarte 等，2010）

图 2-9C 传统球门得分的训练范例

（2）集体控球（有进攻方向 V 无进攻方向）

与得分训练（底线得分，双球门，一个球门）相反，有许多教练在没有特定目标的情况下让球员进行专项训练。然而，在没有进攻或防守特定目标（球门或区域）时进行控球训练，并不能真正体现出比赛的竞争性，因为比赛总是有结果的。

对控球打法和有目的性打法的技术和体能进行比较的研究明显不足（Aguiar 等，2012；Clemente 等，2012）。在精英水平上，许多教练都描述了由守转攻、由攻转守的过渡阶段的重要性，这是基于很大比例的进球都发生在这个过渡阶段的事实。国际足联在 2006 年对现代足球趋势的分析显示，70% 的进球都是控球方在丢球后被对手打反击（短于 10 秒）实现的。

"在今天的比赛中，最重要的事情是什么时候得球或丢球……"
——热拉尔·霍利尔（Gerard Houllier）

如果球员没有任何战术上的限制，也没有在比赛中设定一个具体的目标或目标得分方向而保持控球，那么就意味着较低的技术需求。但是，为了充分证明这些说法是正确的，需要进行进一步的研究。

由于没有具体的方向性目标，球员的训练强度和技术难度就会降低，这是基于 Mallo 和 Navarro（2008）的研究。他们根据有守门员和没有守门员参与对抗训练的场景分析了技术参数，发现在这些场景中完成的技术动作的总数量较少（Mallo 和 Navarro，2008）。

有或没有守门员参与对抗的比较将在"（4）有守门员参与"中更详细地讨论。

（3）教练鼓励

研究表明，教练在指导球员进行专项训练时的口头鼓励可以提高训练计划的连贯性，在各种训练方式中提高球员的训练强度和运动表现（Hill-Haas 等，2011；Mazzetti 等，2000）。

教练鼓励的效果被认为是一个基本变量，能够显著影响球员在小场地对抗训练中的生理反应和技术能力的发挥（Aguiar 等，2012；Clemente 等，2012；Rampinini，2007）。技术教练和体能教练的激励语言直接影响球员在训练中的努力程度，这可能会增加额外的技术需求（Rampinini 等，2007）。这些影响可能在球员的训练中发挥着基础性作用，因为教练监督训练所产生的外部动机可以产生更多的生理学效应（Coutts 等，2004）。

正如上面所讨论的那样，关于在各种小场地对抗训练中教练激励的作用及其对球员的生理反应的影响的文献逐渐增多（Hill-Haas 等，2011；Rampinini 等，2007），然而这种方法对技术能力的影响仍缺乏研究。在研究教练的鼓励对球员体能的益处的文献中，Rampinini 等人（2007）发现，在小场地对抗训练中，当教练激励球员时，球员的心率反应、血乳酸浓度和主观体力感觉会增加。随后，Hill-Haas 等人（2011）认为，在对小场地对抗训练进行干预时，教练的鼓励这一因素会发挥重要的作用，尤其是教练要求球员进行高强度训练时，应在整个训练中持续给予球员口头鼓励。

（4）有守门员参与

守门员加入到小场地对抗训练是训练场上球员专项训练的基础。Mallo 和 Navarro（2008）指出，守门员的加入对其他球员在训练中生理和战术因素有显著的影响，守门员纳入小场地对抗训练会导致训练强度降低（Mallo，Navarro，2008 年），但这一因素将取决于特定的规则，即与其他训练规则或使用的形式相比，本次训练可强化战术或技术重点。Dellal 等人（2008）也证实了这一观点，即守门员在场时，对抗强度较低。结果发现，在比赛中，有守门员参与时的训练心率反应比没有守门员时要低。此外，较低的训练强度可能不仅与守门员的参与有关，还可能与比赛的具体方向性有关（如向球门方向进攻）。根据这一点，其他任何没有守门员参与、却有明确进攻方向的对抗性训练，也可能导致训练强度下降（Aauiar 等，2012；Clemente 等，2012）。

有或没有守门员参与的小场地对抗训练的技术参数是一个需要进一

步研究的课题，因为目前现有的研究数量有限。据报道，在有或没有守门员的小场地对抗训练中，球员体能的差异比技术因素的差异更明显。然而，对守门员参与时的技术参数进行分析显示，球员技术动作的总次数较少（Mallo，Navarro，2008）。

Mallo 和 Navarro（2008）报道，小场地对抗训练中出现一名守门员，可能会改变与比赛强度相关的生理反应以及战术能力，因为有些球员可能表现出比其他球员更高的动机水平，即他们有机会射门得分（Dellal 等，2008）。此外，之前的研究表明，试图进球且同时保护自己的球门不被对方攻破，可能对球员的身体移动距离和随后的努力程度产生显著影响，甚至是显著提高（Dellal 等，2008；Stolen 等，2005）。从防守的角度来看，守门员的加入很可能会使防守阵型更有组织性，以确保球门安全，这可能对比赛强度起到至关重要的作用。

Mallo 和 Navarro（2008）报道，在有守门员参与的 3V3 小场地对抗训练中，球员的最大心率、总移动距离和高强度跑动显著降低。这项研究的结果还表明，训练中球员的生理反应和身体移动距离的下降是由于防守组织的增加，从而降低了比赛强度、生理反应以及身体动作反应。

然而，最近的研究显示了与 Mallo 和 Navarro（2008）研究结果相反的观点。据报道，在有守门员参与的 8V8 小场地对抗训练中，球员的最大心率提高了 12%（Dellal 等，2011）。守门员的存在可能增加了球员进攻和防守的动机，从而增加了球员的生理负荷（Dellal 等，2011）。

目前，在有守门员参与的小场地对抗训练中，守门员对训练强度的影响尚不清楚。然而，他们在保持队形和阵型，以及在沟通方面可能起到重要作用。这可能也会对球员在训练中的技术动作、技能和生理需求产生明显的影响。然而，为了从体能、技术和战术角度清楚地了解守门员的加入所带来的变化，还需要进行进一步的研究。

（5）每个练习的持续时间和重复次数

曾有人讨论过使用小场地进行间歇训练是提高球员有氧代谢能力和足球专项耐力的有效方法（Owen 等，2012），这种特定的训练方法使球员的负荷强度超过比赛负荷强度，因而引起了足球相关学者研究的兴趣（Dellal 等，2011；Owen 等，2011；Hill-Haas 等，2011）。由于在小场地对抗训练中，训练适应是通过运动专项体能和技术训练产生的，因此确保适当的运动强度是影响训练效果的关键变量之一（McMillan 等，2004）。前面描述了与小场地对抗训练的强度相关的变量（球员数量、球场大小和教练鼓励等）（Owen 等，2004；Dellal 等，2008；Hill-Haas 等，2011），而起到重要作用的因素是训练的持续时间。根据Franchini 等人（2010）的研究，尽管持续时间对运动强度起着重要作用，但人们似乎忽略了对这一课题的研究。

为了观察检验对抗训练持续时间的增加是否会影响运动强度和技术行为，Franchini 等人（2010）在研究小场地对抗训练的控制训练回合时间中发现，每回合持续时间从 2 分钟增加到 6 分钟时，训练强度从第 4 分钟开始下降。但是，持续时间并未显著影响小场地对抗训练中涉及的技术或心率变化（89.5%HR_{max} 与 87.8%HR_{max}），持续时间不足以引起任何不同的球员训练适应或运动表现的提升。总的来说，Franchini 等人（2010）得出的结论是，教练可以使用不同的持续时间来产生相似的训练强度，同时不影响球员的技术能力发挥。

Franchini 等人（2010）认为，从心率的角度来看，尽管 2~6 分钟的小场地对抗训练会产生相似的训练强度，但 Hoff 等人（2002）在涉及小场地对抗训练的研究中认为，使用 4 分钟的持续训练时间以达到 3 分钟的高强度训练是必要的。在决定竞技能力发展的训练持续时间时，心率是一个非常重要的因素，尤其是在小场地对抗训练中，因为心血管系统的高强度训练时间与运动表现的提高之间存在直接关系（Hoff 等，2002；McMillan 等，2002）。此外，为了确保球员在小场地对抗训练中达到且维持所需的强度，教练必须设计足够长的练习时间才能使球员产生超负荷的生理适应，而不会因疲劳造成损伤。Hoff 等人（2002）认为，大约需要 1 分钟心率才能达到要求的高强度区域，从而提高运动表现。因此，Franchini 等人（2010）的研究中将 2 分钟作为一次的练习时间可能还不成熟。

当使用小场地对抗训练作为训练计划的一部分时，选择正确的训

练持续时间是非常重要的，这可以降低球员在疲劳状态下的损伤风险。小场地对抗训练中球员有加速、减速、扭转和转身动作，这些动作带给球员的负荷可能非常高。小场地对抗训练形式的间歇性训练需要球员完成变向、身体接触、抢断、拦截和封堵等对体能要求较高的技术动作，与时间较短的训练相比，较长时间的小场地对抗训练与可能会导致球员有更高的疲劳水平。短时间（3~4分钟）重复性对抗训练后紧接着较短时间的恢复，可能更适合小场地对抗训练这种形式（Fox，Mathews，1974）。

小场地对抗训练中使用的训练与间歇比例（Work Rest Ratio，W∶R）需要做进一步的研究，因为这是确保训练有效的关键，而且在提高球员运动表现的同时没有损伤风险。当讨论训练计划中的训练时间时，Noakes（2004）提出彻底了解身体对训练总时间产生的反应是非常重要的。同样重要的是，为了防止球员出现严重的肌肉损伤，教练也需要知道球员个体的主观用力程度是如何增加的。

足球小场地对抗训练的生理学

参考文献：Hill-Haas, Dawson, Impellizeri & Coutts Sports Medicine ，2011

小场地对抗训练是在缩小的球场区域进行的，采用了修改后的规则，即球员人数少于 11 人制的正式比赛形式。小场地对抗训练方法没有传统体能训练方法那样有结构，但在所有年龄段和所有运动等级的球员中非常流行。

可调整的变量

许多被教练控制的规定训练变量可以影响小场地对抗训练的训练强度。

球场大小

教练的鼓励

训练方法：
间歇性 V 持续性

球员数量

规则

守门员是否参与

关键点

1 通常情况下，减少球员人数的同时增加每名球员在球场上所占的相对面积会使小场地对抗训练的训练强度增加。

2 每个小场地对抗训练中球员的人数与训练强度之间的反比关系并不适用于时间—运动特征。

3 教练持续性的鼓励可以提高训练强度，但大多数规则的改变并没有很明显地影响训练强度。

4 人数较少的小场地对抗训练的强度可远超比赛时的强度，并与长时间和短时间高强度间歇跑有相似的强度。

5 小场地对抗训练和常规训练对提高球员的体能和足球专项运动表现的作用是等同的。

2.3 小场地对抗训练的周期化

许多变量可以用来影响训练的强度和节奏。为了使每周的训练计划最优化，球员必须经历不同程度的运动强度和对抗节奏，为比赛做好准备。为避免受伤和提高体能及技术表现，设计合适的每日训练负荷（训练强度、训练量和训练频率）是一个关键因素。在这方面，"高级计划"或"周期化"应被视为提高球员运动表现和预防损伤的一个功能性策略。按理说，这种"高级计划"的策略可能是影响球员表现和预防损伤的最重要因素，因为技术教练开展的大部分训练都是基于足球场上的训练（Dellal等，2013）。技术教练、体能教练和医务人员共同设计的"高级计划"是至关重要的，因为这样可以设计出正确的训练量、持续时间和训练强度，并最大限度地确保球员处于良好的赛前状态（Owen，2013）。围绕这个主题的研究很少，主要是由于训练设计中的这个特定环节依赖于球队的教练，而不是由球队的技术部主导。

Owen 等人（2012）进一步研究了这一课题，并基于该领域与小场地对抗训练的有限研究，观察了在 4 周的赛季中歇期内周期化小场地对抗训练计划对欧洲精英球员体能表现（即速度、有氧代谢能力和反复冲刺能力）的影响。研究的受试者是参加欧洲冠军联赛的优秀男性职业球员，他们在非连续训练日中总计完成了 7 次独立的小场地对抗训练课（3V3+守门员）。每个练习的持续时间为 3 分钟，在干预期间训练次数增加（5~11次）。对这些球员进行小场地对抗训练干预的结果如下：

（1）反复冲刺能力显著提高，表现为 10 米冲刺速度提高、总冲刺时间减少；

（2）有氧代谢能力测试成绩降低的百分比较小；

（3）跑步经济性得到改善，表现为在 9 千米 / 小时、11 千米 / 小时和 14 千米 / 小时跑速下摄氧量和心率显著下降。

Owen 等人（2012）的研究表明，在赛季中歇期内，实施为期 4 周的周期化小场地对抗训练干预能提高精英球员的体能。因此，在相对较短的时间内结合技战术要素提高球员的体能，小场地对抗训练是球员和教练欢迎的训练方法，达到了提高球员的体能和后续运动表现的目的。

2.4 小场地对抗训练的负荷评估

每个致力帮助球员提高身体素质的人（如技术教练、医务人员和体能教练等）对于训练的规划、设计和实施都有自己的见解，但无论是计划的设计还是执行，大家最终的目的都是想要减轻球员的疲劳、提高球员的运动表现，并同时降低球员的受伤概率，保证球员在赛前处于良好状态。Owen 等人（2013）的研究认为，在设计精英职业球员的训练计划时，需要考虑对抗训练（3V3~11V11）的体能和技术指标。在训练周的特定时间，实施正确形式的对抗性训练，可使运动科学家和体能教练最大限度地从身体、技术和战术方面提高训练课的效率。

近几年，围绕小场地对抗训练的研究和实践使人们对小场地对抗训练的球员代谢特征和体能需要都有了进一步的认识（Dellal 等，2011；Owen 等，2011；Hill–Haas 等，2011）。然而，到目前为止，足球专项训练对于球员的免疫功能恢复的效果很小（Thorpe，Sunderland，2011；Sarisarraf 等，2007）。研究发现，在现代足球领域，球员训练后未完全恢复和免疫抑制（免疫系统中一种或多种成分的缺乏）有联系（Neiman，1994）。基于此研究结果，球员在训练后的反应和对恢复的监控比以前受到了更多的关注。目前许多对优秀运动员的免疫功能的研究主要集中在采集运动员唾液指标，以研究训练后的免疫反应（Pedersen等，2000）。研究发现，运动员的免疫功能在紧张的训练或比赛后的3~72 小时是下降的（Pedersen，Ullum，1995）。正如 Neiman 提出的"J"模型（Neiman，1994），运动员在免疫抑制的"开窗期"（Open Window Period）患上呼吸道感染（Upper Respiratory Tract Infection，URTI）即咽喉感染的风险较高。正如之前的研究所述，小场地对抗训练是一种强度较大的训练，调整其中的训练参数可以提高运动员训练时的努力程度，也会让运动员处于免疫抑制状态。所以，必须对球员的负荷和强度进行设计、监控和评估，以确保在合适的时间对球员进行适宜的训练刺激。

有文献显示，免疫抑制（个体的免疫应答部分或全部被抑制）与训练强度、训练量和训练持续时间有关（Nakamura 等，2006），训练强

度的影响及其与训练量、训练持续时间的交互作用需要进一步的研究。高强度训练如小场地对抗训练可能会损害黏膜免疫（免疫学研究认为黏膜免疫会对机体黏膜提供保护）。

　　长时间进行大强度和（或）大运动量训练可能会引起 sIgA（分泌型免疫球蛋白 A，它是适应性免疫的一部分）含量下降，因而使得球员更容易遭受感染或造成肌肉损伤。比赛之间只有 1 天的休息时间或者连续进行大强度训练导致球员不能完全恢复，以致球员容易生病或受伤。因此，教练需要谨慎地设计包含专项对抗训练在内的训练课（如训练量 × 训练强度），以保证在正确的时间对球员施加正确的训练刺激。正确的场地面积、球员人数和一个练习的持续时间是对球员进行正确体能训练的关键。

　　GPS 和心率监测器的发展让教练在训练课上可以"现场"或"实时"评估训练参数。教练可以用从现场反馈得到的数据（总移动距离、高强度跑动距离和冲刺距离）对球员施加正确的负荷强度和训练量，以减少球员因为过度疲劳而出现的损伤。技术教练和体能教练也可以在训练课上提高训练的针对性，让球员达到期望的负荷强度。

2.5 小场地对抗训练的局限性

不可否认，许多研究揭示了小场地对抗训练的生理反应可以通过改变关键变量（如技术参数和战术参数）来控制（Abrantes 等，2012），如场地面积（Casamichana，Castellano，2010；Owen 等，2004）、球员数量（Hill-Haas，2010）、每个练习的持续时间（Franchini 等，2010）、得分方式（Duarte 等，2010）和教练的鼓励（Rampinini 等，2007）等。小场地对抗训练虽然可以提高球员的有氧代谢能力和技战术（Dellal 等，2008；Owen 等，2011），但可能还是无法达到真正比赛的高强度和反复冲刺的要求（Gabbett，Mulvey，2008；Casamichana 等，2012）。这些发现有潜在的"天花板效应"，即无法达到高强度的同时，保持高水平的有氧代谢能力或技术能力（Buchheit 等，2009）。尽管学者们对小场地对抗训练（4V4）在对球员的体能、技术和运动特性方面及其在足球中的应用进行了广泛的研究（Little，Williams，2007），但对如何在精英足球领域使小场地对抗训练效果最大化的研究还不够全面。之前的研究已经单独讨论了小场地对抗训练后的生理反应，然而，这些训练应该作为"高级计划"的一部分（Owen 等，2012），它可能更能代表一支职业足球队的日常训练。

正如文献中所指出的，高强度跑和冲刺与正式比赛或大场地对抗训练（11V11）联系更紧密。这可能是由于大场地对抗训练的球场面积增加的同时，球员的有球活动减少了。在大场地对抗训练中，除了球场面积增加、有球技术动作增加之外，球员为了摆脱对手而创造得分机会，在失去控球权或无球跑动时，通常会有大量的高强度跑动或冲刺。

Owen 等人（2013）分析了精英级职业球员进行小场地对抗训练的局限性，比较了职业球员在小场地对抗训练中的技术动作和体能指标，检验了小场地对抗训练、中场地对抗训练和大场地对抗训练这一系列训练的重测信度。结果表明，小场地对抗训练的比赛节奏比中场地对抗训练和大场地对抗训练的比赛节奏快，但高强度动作、高强度跑动和冲刺距离比大场地对抗训练明显减少。在小场地对抗训练中，速度加快和冲刺距离的减少可能与球员的冲刺机会不多有关，因为小场地对抗训练的

场地面积有限，需要球员有更高的技术能力。研究结果还显示，小场地对抗训练、中场地对抗训练和大场地对抗训练在技术（传球、运球、射门和头球）能力上存在显著差异。Dellal 等人（2012）也阐述了小场地对抗训练需要考虑一些局限性：小场地对抗训练可能会影响球队的表现，因为在较小的场地内，球员更多的是进行短距离和中距离的传球，所以小场地对抗训练对于直接打法（长传）特征明显的球队来说可能不太有用。

此外，先前的研究还报道了小场地对抗训练的另一个局限性，即评估球员在小场地对抗训练时的心率可显示出较大的个体变异系数（Dellal 等，2008）。研究表明，与间歇跑相比，足球运动员在小场地对抗训练期间的心率反应不稳定。这些变化是由比赛完全不受控制的性质导致的。各个球员在比赛中的专项动作是不同的，这与球员的经验、场上的位置职责、对手的技术动作，以及球员的动机有关（Spalding 等，2004；Stolen，2005）。

有关小场地对抗训练中损伤风险的研究文献非常有限。在这种情况下，小场地对抗训练是否比其他类型的足球专项训练有更高或更低的受伤风险目前还不清楚。基于球员在小场地对抗训练时的身体接触较多，与传统的间歇跑训练相比，可以预测小场地对抗训练可能会有更多的接触性损伤。由于到目前为止还没有科学文献支持这一观点，笔者强烈建议：小场地对抗训练应在适宜的场地面积和规则内进行，以降低球员受伤的风险。（图 2-10）

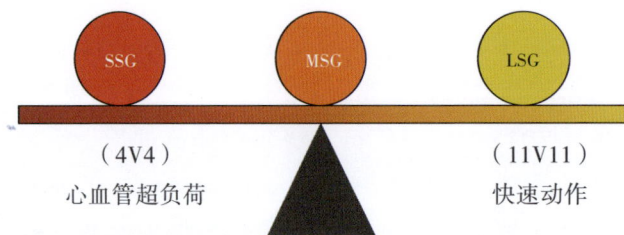

注：SSG—Small Sided Games，小场地对抗训练（4V4）。
　　MSG—Medium Sided Games，中场地对抗训练（5V5~8V8）。
　　LSG—Large Sided Games，大场地对抗训练（9V9~11V11）。

图 2-10　体能训练与小场地对抗训练的连续统一体

本章内容总结

小场地对抗训练的体能和生理需求

· 小场地对抗训练被认为是一种多功能、高效的训练方式，可以同时而不是单独地提高球员多种专项竞技能力（如技战术和体能）。

· 通常，比赛中球员移动速度大概为平均 111~133 米 / 分钟，这与场上位置无关。鉴于此，当训练的重点是比赛强度时，教练应确保训练中的球员移动速度等于或超过 111 米 / 分钟。

· 所有位置的球员在小场地对抗训练时的心率都明显高于正式比赛。

· 总体而言，最近的研究在讨论将小场地对抗训练作为一种能积极影响球员运动表现的方法，实施周期化的训练干预不仅能达到与一般非足球专项训练相同的体能效果，还能显著地提高精英球员的体能。

· 小场地对抗训练能够将体能与对抗性训练时的技战术相结合，使它成为广受体能教练、球员和技术教练欢迎的一种训练方法。

· 小场地对抗训练可能会超负荷，其连续的应激可以提高训练效果，加快球员在最大强度的运动后的恢复速度，具体表现为反复冲刺能力的提高。

· 小场地对抗训练的对抗节奏比中场地对抗训练及大场地对抗训练更快，但小场地对抗训练中高强度的动作、高速跑动距离和冲刺距离都比大场地对抗训练少。

· 据报道，与一般间歇跑相比，小场地对抗训练可以提高球员的积极性，整体的心率反应与一般间歇跑相同。

影响小场地对抗训练强度的变量

· 调整小场地对抗训练的关键变量（如球员数量、场地面积、比赛规则、每个练习的持续时间和教练的鼓励）会直接影响球员的生理反应和技战术能力。

· 场地面积在运动员的生理负荷和技术需求方面起到重要作用（如球员人均的球场面积越大，生理负荷就越大）。

·训练的组织需要仔细考虑场地面积，以便能实现训练目标和提高体能水平。

·在较大的场区里，球员的身体活动和需求虽然增加，但是技术难度下降。

·在小场地对抗训练中，1次或2次触球的限制既增加了球员的高强度跑动，也增加了完成技术动作的难度（针对比赛的需求）。

·在小场地对抗训练中，教练需要了解球员承受的生理负荷，尤其是与控球相关的规则有改变时。另外，教练需要了解不同位置的球员之间在生理、体能和技术需求方面的差异。

·如果训练的主要目标是为了单独或联合提高体能和技能，那么就一定要使用大小适宜的场地。

·人数较少的有球对抗训练可以更有效地提高球员的技术能力，这是由于随着球员数量的减少，超负荷的技术动作会增加。

·特定的小场地对抗训练更适合前卫或前锋的技术需求，因为随着触球次数和（或）有球技术动作的增加，他们带球、抢断和射门的机会也更多。

·研究表明，大场地对抗训练可能更适合后卫在技术和战术上的发展，因为后卫有更多的机会去封堵、拦截和拼抢空中球。

·当采用人盯人战术时，小场地对抗训练的强度会显著增加。

小场地对抗训练的周期化

·当努力避免球员发生损伤、提高球员的体能及技术表现时，设计具有合适训练负荷（训练强度、训练量和训练频率）的周期训练计划表会起到至关重要的作用。

·为了使球员达到正确的训练量、训练强度和训练频率，并确保球员拥有最好的赛前状态，技术教练、体能教练和医疗人员的提前规划至关重要。

·小场地对抗训练能够在相对较短的时间内同时提高球员的体能和技战术能力，因此是受球员和教练欢迎的训练方法，可以达到提高球员的体能、球员后续运动表现的目的。

训练负荷

· 在训练周的特定时间进行正确的对抗性训练，能够使技术教练、运动科学家、体能教练在体能、技术和战术方面最大限度地提高训练课的效率。

· 心率监测器和 GPS 能够让教练在训练课上对球员的训练进行现场或实时评估。现场反馈的小场地对抗训练数据（总距离、高强度移动距离和冲刺距离）能够辅助教练对球员施加正确的训练强度，以及控制球员所承受的相应负荷，以降低球员因过度疲劳而出现的损伤风险。这也让技术教练和体能教练有机会在训练课中为了让训练达到既定的负荷强度而做出有针对性的改变。

3 小场地对抗训练方法

练习形式

每个练习都包括清晰的示意图和详细的说明文字。

- 训练名称
- 训练目的
- 组织方法
- 变化或进阶（如适用）
- 训练要点

图例

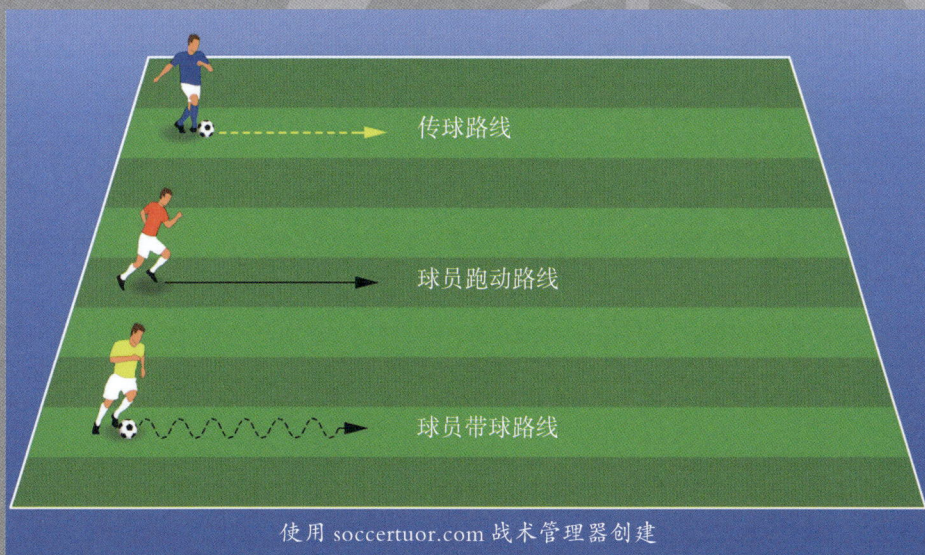

- 传球路线
- 球员跑动路线
- 球员带球路线

使用 soccertuor.com 战术管理器创建

3.1 与守门员配合传接的控球训练

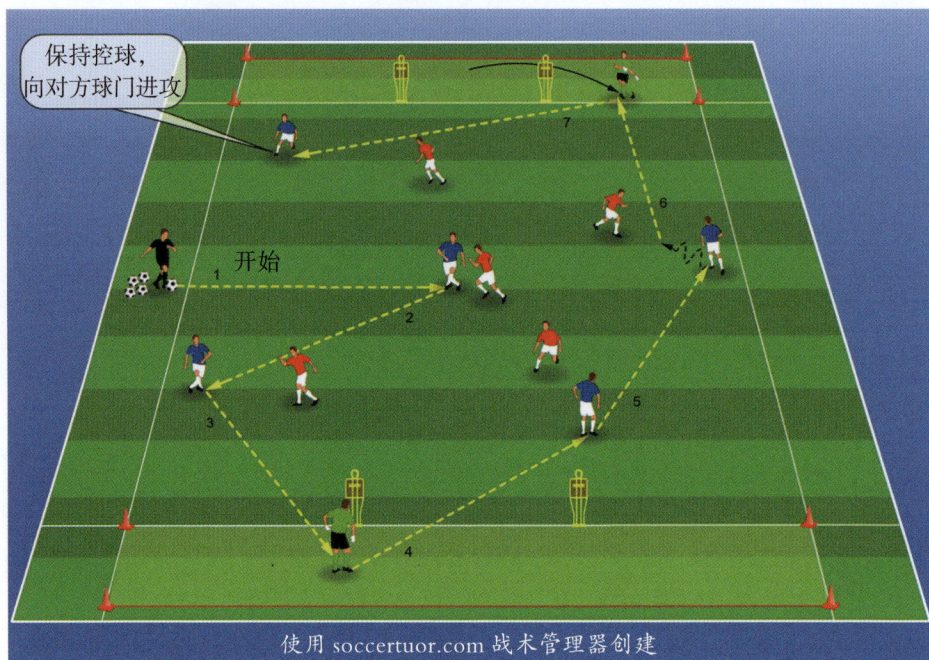

保持控球，向对方球门进攻

开始

使用 soccertuor.com 战术管理器创建

组织方法： 在中心区域（30 米 ×35 米）进行 5V5 练习。2 个 8 米区域内有 2 名中立的守门员站在假人后面，如上图所示。双方的目标都是从一端向另外一端不停地传球，并保持控球。每队完成从一名守门员传球给另一名守门员时，如果对方没有抢断来球，他们就得 1 分。3 分钟为 1 组。

变化： ①球员完成固定次数的传球就得分。②可以增加球员的数量来改变对球员的压力，但练习的关键是战术需求。

进阶： 进攻球员在控球过程中不能接近守门员，进阶为可以给守门员施加压力。

训练要点： ①球员需要表现出良好的动作质量，守门员加入到对抗训练中，进攻球员能够接到守门员的传球。②确保在训练中通过给对方施压来保持练习的高强度。③每名球员应该在整个球场上进行攻防转换。④确保防守队员不要在后半场试图阻挡守门员。

3.2 3队参与的4V4（+4）定向进攻控球训练

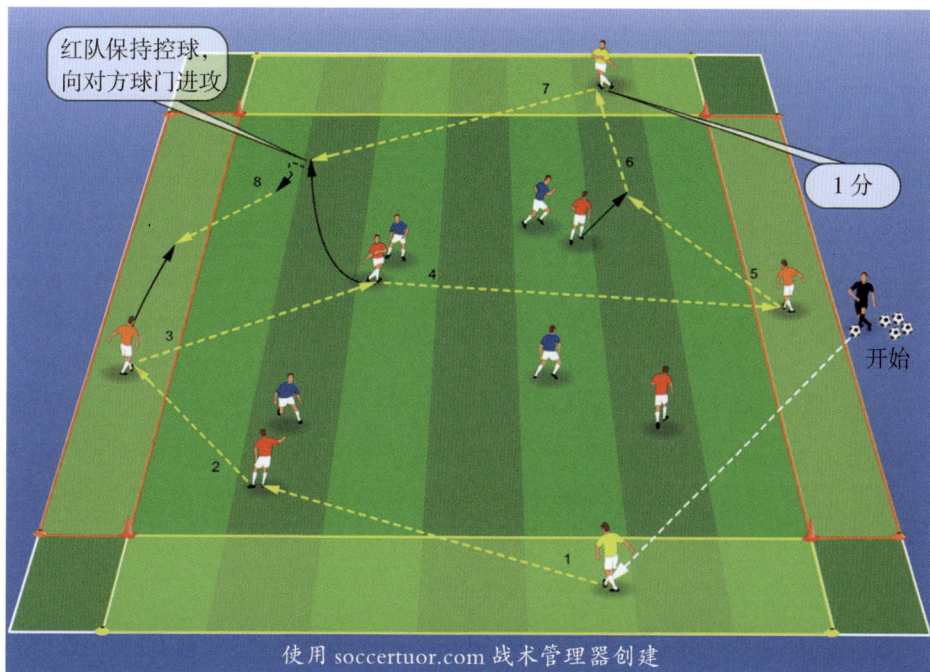

红队保持控球，
向对方球门进攻

1分

开始

使用 soccertuor.com 战术管理器创建

训练目的：向指定方向进攻，目的是最大限度地提高训练负荷（体能）。

组织方法：球员被分成3组，每组4名球员，在30米×30米区域内进行4V4练习，另外4名球员在边线外。场地内的球员只能触球3次、边线外球员只能触球1次。3分钟为1组。

球员们努力保持控球，将球从一端传到另一端，当2名站在中央边线的球员（黄色）都触到球时则得分。每队要努力保持控球权，重点放在连续传球直到传给最后一名球员，这是目的性很强的高强度直接打法。

训练要点：①为保持控球，球员的动作质量要高，要用正确的身体姿势来接球和传球。把比赛的方向对准边线球员（黄色和橘色）。②教练要鼓励球员与边线球员配合，利用撞墙式2过1加快练习的速度。

3.3 传球过中场的 5V5（3V3）定向控球训练

使用 soccertuor.com 战术管理器创建

训练目的： 这是一个定向的控球比赛，重点是训练中场球员的换位。目的是最大限度地提高球员的训练负荷（体能）。

组织方法： 在 35 米 ×35 米场区中间标出一个 25 米 ×25 米的区域。在较小的区域内进行 3V3 练习（中场每队有 3 人），在 35 米 ×35 米区域外每队有 2 名球员（每条边线 1 人，限制其触球 2 次）。边线球员控球并将球传给对侧的边线球员，得 1 分。3 分钟为 1 组，重复 5 组。

训练要点： ①控球并通过中场球员进行过渡。要拉开空当向前传球，中场 3 名球员的传球是关键。②球员接球时需要表现出良好的动作质量和正确的选位。③限制边线球员只能触球 1 次以加快练习的速度。④根据训练课的重点，此练习可以增加或减少球员的人数。

3.4 有球门区、第三人跑动的 7V7 控球训练

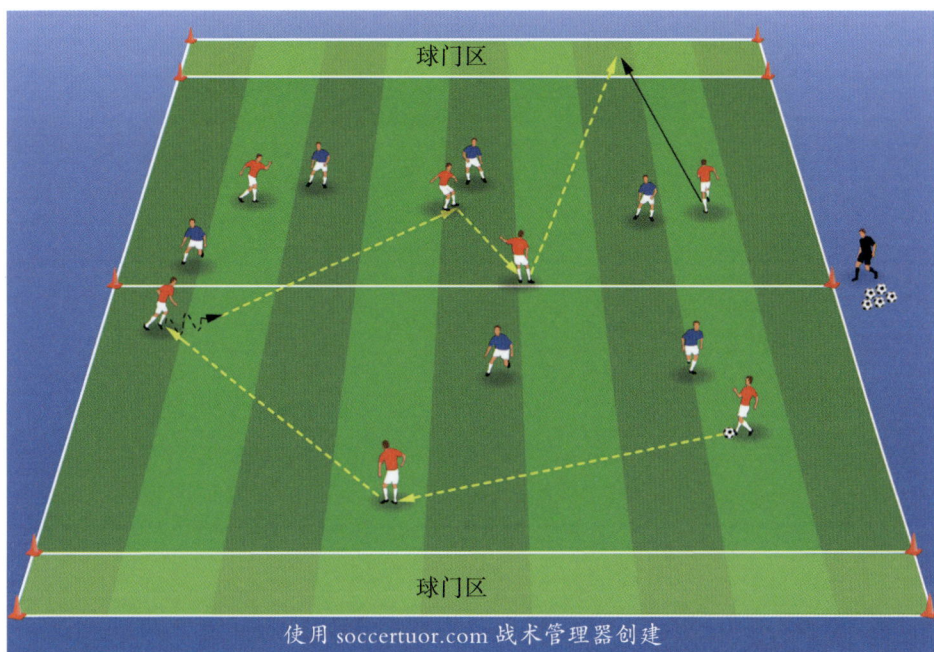

球门区

球门区

使用 soccertuor.com 战术管理器创建

组织方法： 在 50 米 ×60 米的场区内进行 7V7 练习，场区两端各有 8 米纵深的区域——球门区。双方的目的都是控球，顺着黄色路线传球。当一名球员在球门区接到球则得 1 分。控球方必须为第三名球员的跑动创造空当。防守方的球员不能进入到球门区。

进阶： ①只有在进攻方所有球员都在进攻半场时，才能进球得分。②要求本队球员完成一定数量的传球才能进球得分以吸引对方球员上抢施压，这会在其身后创造出空当。

训练要点： ①在使用渗透性传球技术之前，球员在控球时要有耐心以吸引对方。②根据训练课的重点，此练习可以增加或减少球员的人数。③练习持续时间和场地面积可以根据实际需要调整，但是体能的付出会有所不同。④控球方的球员需向球门区进攻，以积极鼓励第三名球员跑动。

3.5 利用守门员进行的动态控球训练

使用 soccertuor.com 战术管理器创建

训练目的： 在守门员的参与下进行定向控球。目的是提高球员的训练负荷（体能）。

组织方法： 在一个 55 米 ×55 米的区域内标出 6 个 8 米 ×8 米的区域（球门），进行有 2 名中立的守门员的 9V9 练习，如上图所示。守门员可以自由地在其一侧的 3 个进球区内移动。5 分钟为 1 组。

每队的第一个目标是保持控球，所有球员只能触球 3 次。如果球被传进中间区域的球门（黄色），球必须传至守门员的脚下；如果球被传进侧方的球门（白色），球必须传到守门员的手中。这为控球训练创造了一个额外的思考过程。如果一队把球传给一侧进球区内的守门员，然后再成功地传给位于对侧进球区的守门员（球未被抢断），则得 1 分。

进阶： ①当守门员接到球时，所有进攻方的球员都在进攻半场，则得 1 分。②控球方完成一定的传球次数才能得分——吸引对方上前施压。

训练要点： ①确保球速快、动作质量高，以保持控球权；注意传球和跑动的时机与质量。②攻防转换力求快速，控球球员只允许 1~2 脚触球。③只有良好的决策才会有正确的传球方式。④守门员必须活跃，在各个区域之间保持移动，这样有利于给进攻球员创造传球和得分的机会。⑤根据训练课的重点，此练习可以增加或减少球员的人数。⑥练习的持续时间和场地面积可以根据实际需要调整，但这会使球员产生不同的体能消耗。

3.6 连续高强度的 3V3 对抗训练

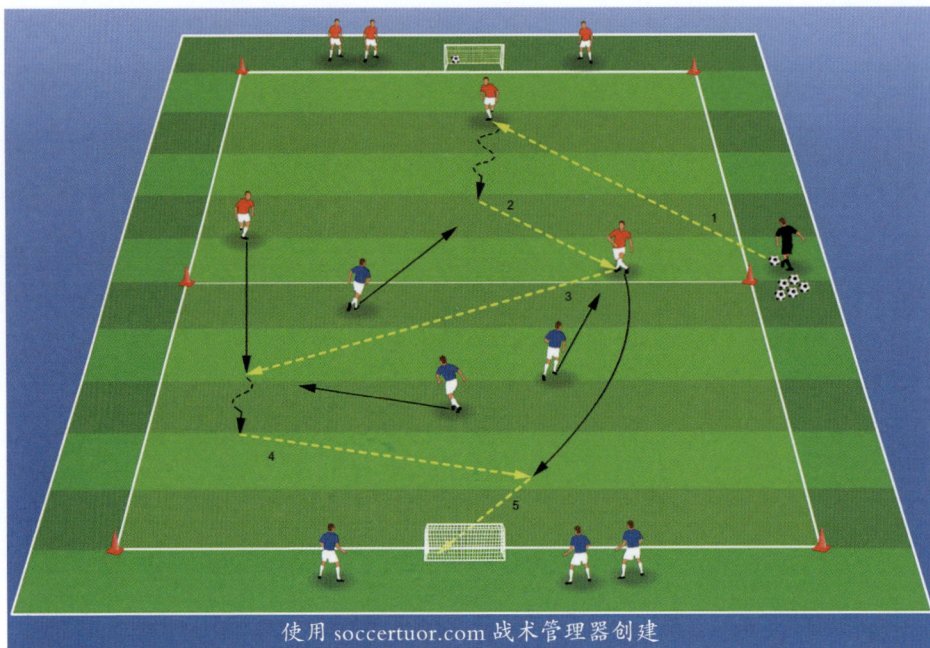

使用 soccertuor.com 战术管理器创建

组织方法： 球员分成 4 支队（2 支红队、2 支蓝队），每队 3 人。红、蓝两队进行 2V2 对抗，以控球并创造得分为目的，使用迷你球门。另外的红队和蓝队分列于球门后（处于恢复期）。

第一组红蓝队练习持续 1 分钟，1 分钟结束后，另外的红队和蓝队上场对抗。球员在每个回合结束后走到球门后恢复 1 分钟。

进阶： ①进球时，进攻方所有的球员都压过中线得分才算有效。②持球进攻方在进球之前要完成一定次数的传球——吸引防守球员上前逼抢，这样在防守球员身后就会出现空当。

训练要点： ①球员要自始至终保持高强度和良好的动作质量，防守球员要对控球球员进行紧逼。②球员要集中精力完成快速传球、套边、寻找带球的空间并射门。

3.7 在 4V4 攻防训练中练习高强度施压和快速射门

使用 soccertuor.com 战术管理器创建

训练目的： 4V4 小场地对抗训练，给对手持续施加压力，以提高球员的心率、增加体力消耗。球员向对手高强度施压。

组织方法： 球员分为红、蓝、黄 3 队，每队 4 名球员，有 1 名守门员。红、蓝、黄 3 队均有自己的职责：红队进攻（进攻组）、蓝队防守（防守组）、黄队站在禁区外传球（传球组）。

传球组（黄队）球员有自己的编号（1~4 号），每个人有 5 个球。教练员喊出 1 个数字，相应数字编号的黄队球员传球给进攻组（红队）球员，进攻组球员在接到球后尽快射门。进攻组（红队）不停地重复上述练习直至所有的足球都用完（练习时间最多 7 分钟）。进攻组（红队）一旦结束进攻就变为传球组，而传球组变为防守组，防守组变为进攻组。

变化： ①设定 1 个得分的时间限制，以提高练习的强度和限制触球次数。②在禁区外传球组的支援下形成 8V4 的局面。

训练要点： ①进攻球员必须四处观察寻找接球的空当。②如果进攻组的球员不能快速地射门，他就应当寻找机会快速传球，并套边。

3.8　4 球门的 7V7 高速对抗训练

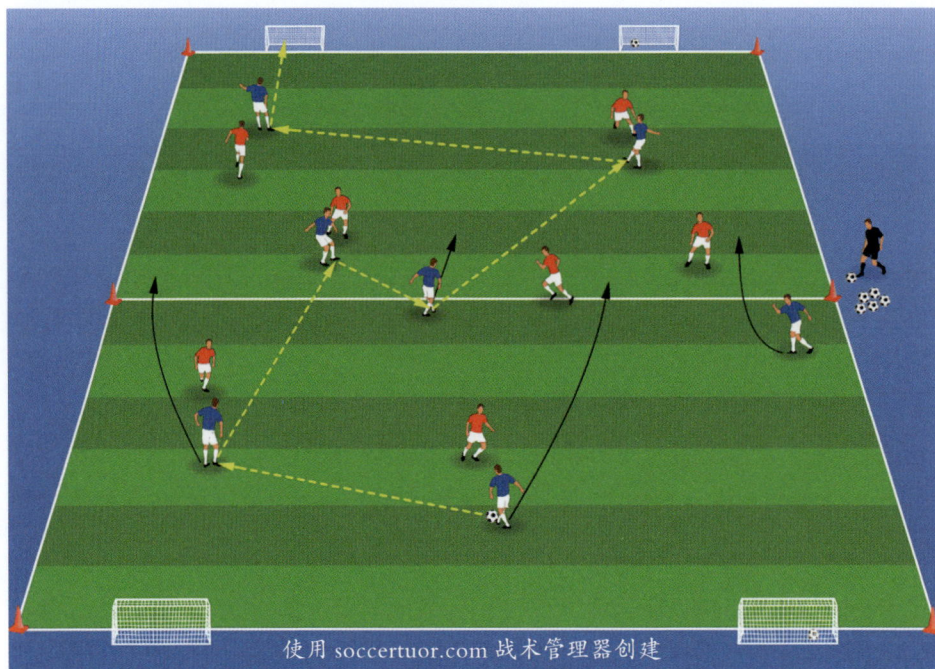

使用 soccertuor.com 战术管理器创建

训练目标：在这个 7V7 小场地对抗性训练中，重点是训练节奏要快，传球速度要快，以提高球员的有氧代谢能力、速度耐力，并最大限度地提高运动负荷（体能）。

组织方法：在一个 50 米 ×60 米的区域内进行 7V7 练习，两端底线各有 2 个球门（每队向 2 个球门进攻）。双方的目的是保持控球和创造得分机会。练习时间为 6 分钟。触球次数限制为 3 次，但射门得分的那次必须是 1 次触球。

进阶：①只有进攻方的所有球员在进球时都越过中线，得分才算有效。②在进球之前，进攻方需要完成一定次数的传球，以吸引防守球员上前逼抢，这将会在防守球员身后出现空当。

3.9 在有守门员的 8V8 控球训练中快速攻防和施压

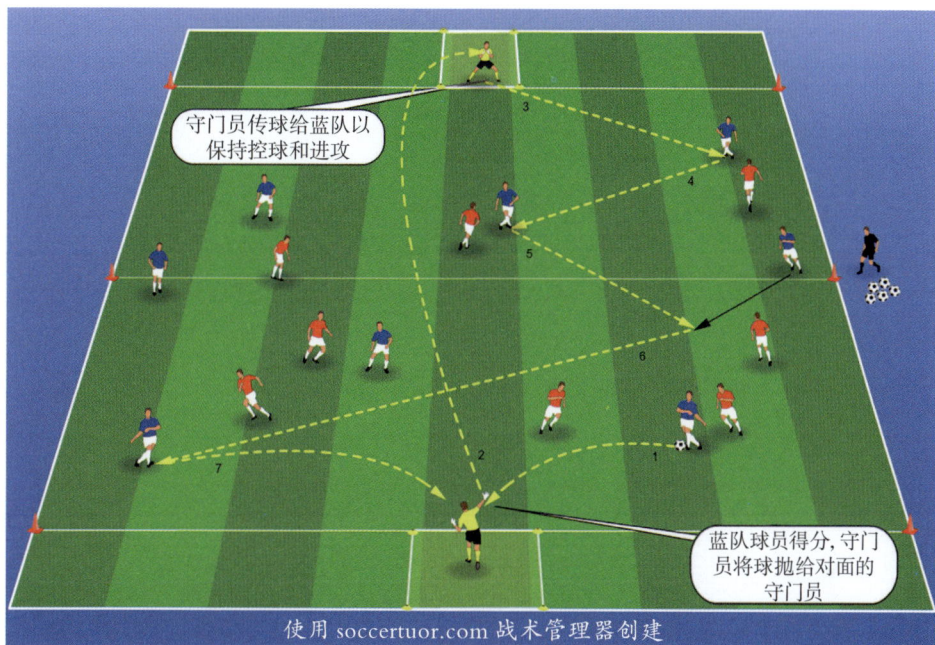

守门员传球给蓝队以
保持控球和进攻

蓝队球员得分,守门
员将球抛给对面的
守门员

使用 soccertuor.com 战术管理器创建

组织方法: 在一个 40 米 × 45 米球场进行 8V8 练习,练习 10 分钟,两端底线各有一个守门员的区域。场上球员的目标是控球,并在前场创造进攻机会。进攻球员将球传给站在底线的守门员,算得 1 分。然后守门员将球抛给对面的守门员,该守门员拿球后将球传给得分一方的球员,开始新一轮进攻。

进阶: ①进攻组的所有球员在进球时都越过中线,得分才算有效。②得分之前,进攻方需要完成一定次数(如 10 次)的传球,以吸引防守球员上前逼抢,从而拉开空当进行流畅的传切配合。

训练要点: ①球员要自始至终保持高强度、快球速和良好的动作质量,防守球员对持球人进行紧逼。②防守组需要保持队形,对持球人施压,封堵进攻组的传球路线。

3.10 快速换位的 6（+2）V 6（+2）控球训练

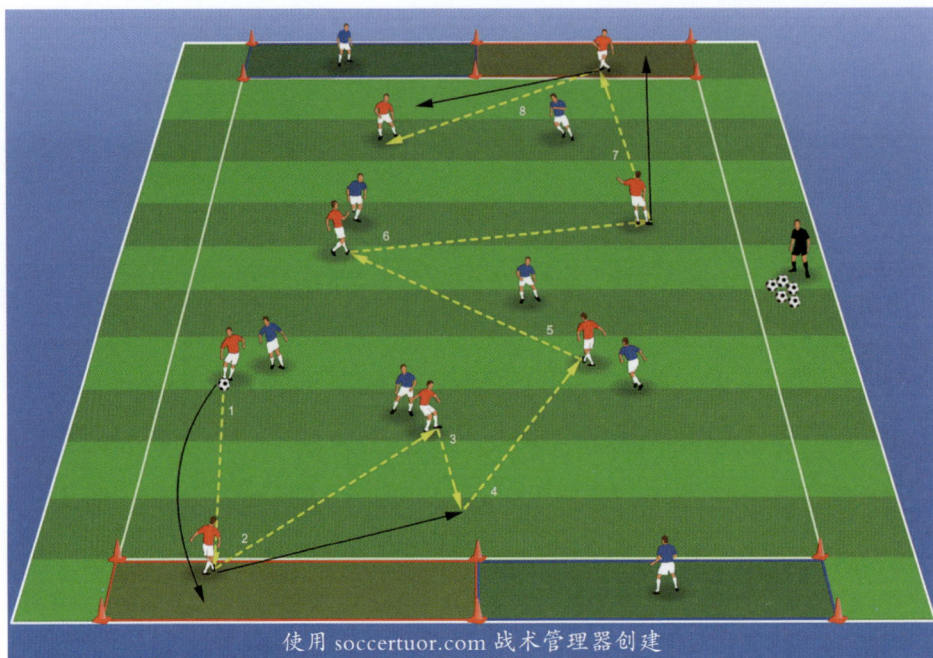

使用 soccertuor.com 战术管理器创建

训练目的： 在控球练习中快速攻防、紧逼防守。

组织方法： 在 45 米 ×55 米的区域进行 6V6 练习，攻防双方各有 2 名球员（场外球员）站在相对的底线区域。场上球员的目标是保持控球，每队先将球传给本方的场外球员，再通过场上同伴传到对侧底线区域的场外球员，其间，不能被对手抢断下来，得 1 分。

当场外球员接到同伴的传球后带球进入场内，此传球队员进入底线区域。每个球员的触球次数限制为 3 次。练习时间为 3 分钟。

进阶： 在进攻方得分之前需要完成一定次数的传球（如 10 次），以吸引防守球员上前逼抢，利用空当进行传球。

训练要点： ①球员在将球传给场外球员时，需要将精力集中在快速传球、向前跑动、套边和创造空间上。②防守组的球员需要对球施压，阻止进攻方的场内球员传球给场外球员，破坏对手传球的流畅性。双方保持队形以使该练习更具实战性。

3.11 使用迷你球门和标志桶球门的 7V7 对抗训练

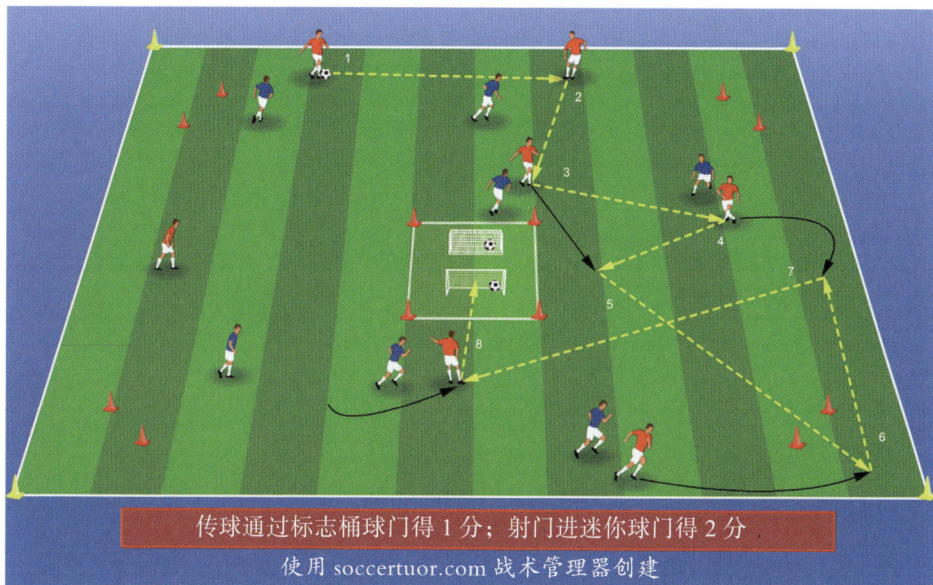

传球通过标志桶球门得 1 分；射门进迷你球门得 2 分

使用 soccertuor.com 战术管理器创建

训练目的： 有进攻方向的控球练习，重点是创造空间和利用空间，目的是最大限度地提高训练负荷（体能）。

组织方法： 在 40 米 × 60 米场地内进行 7V7 练习。场地中央有 2 个迷你球门和 4 个标志桶摆出的区域。球队的目的是保持控球，成功地将球传过标志桶区域得 1 分，或将球踢入迷你球门得 2 分。

进阶： 持球进攻组在进球之前需要完成一定次数的传球，以吸引防守球员上前逼抢，从而拉开空间进行传切配合。

训练要点： ①球队要自始至终确保练习的高强度、快球速和良好的动作质量，防守球员对持球人要进行紧逼。②鼓励采用快速转移的打法以撕开对手的防线。③当球转移到场地另外一侧时，需要同伴快速支援。④防守球员需要施压，阻止进攻的场内球员向边线球员传球，破坏进攻方传球的流畅性，并保持队形，使练习更加具有实战性。⑤防守球员必须守住球场的中心区域，同时也要守住标志桶区域不被攻破。

4 攻防转换训练

4.1 3队参与的动态区域攻防转换训练

为了得分，所有的蓝队球员必须压过中线

快速转换——向红队球门进攻，在对方半场射门

使用 soccertuor.com 战术管理器创建

训练目的： 在由守转攻的训练中提高球员的体能（速度耐力、有氧代谢能力）。

组织方法： 将球员分成红队、蓝队和黄队3组，每组5名队员（+2个守门员），场地为35米×50米。黄队作为进攻组在半场内开始向蓝队发起进攻。进攻组力争得分，如果进攻组成功了，他们再持球向另外一个球门（红队球门）进攻。如果黄队面对蓝队时丢失控球权（如上图所示），则黄队站在原地，蓝队马上向红队球门进攻。

持续不断地进行攻防转换。教练可以轮换多名球员或另外一组球员，让球员有休息时间。练习时间为5分钟。

训练要点： ①重点训练球员对由守转攻（战术需要）的反应。②防守球员快速转守为攻。改变训练节奏，快速完成攻防转换。

4.2 在攻防转换中全场控球和紧逼（7V3）

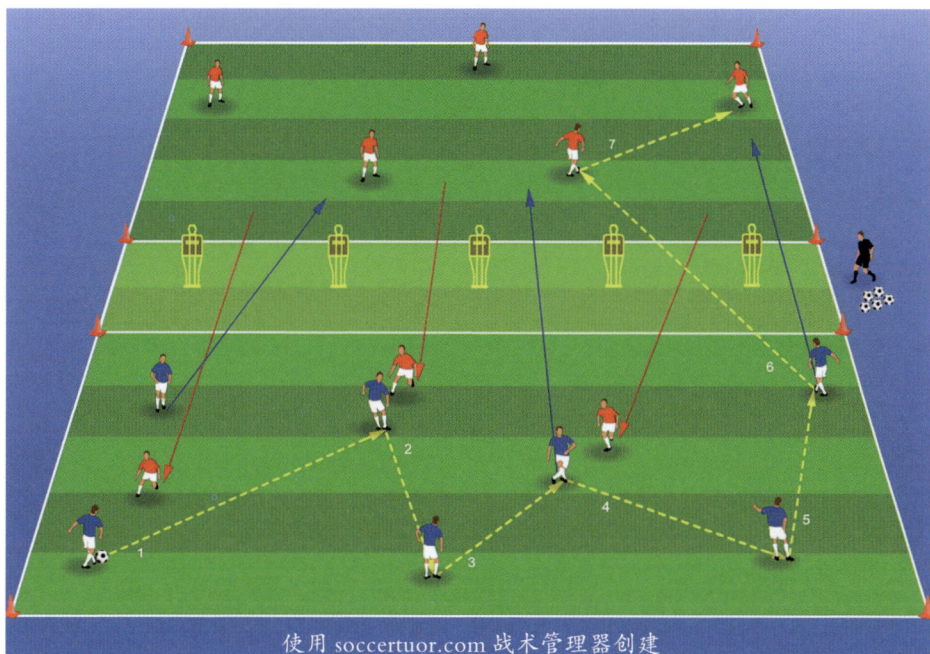

使用 soccertuor.com 战术管理器创建

组织方法： 在 40 米 ×60 米场地内，有 2 个分列两底端的 40 米 ×25 米区域，1 个 40 米 ×10 米、有 5 个假人的中央区域。随着教练的口哨声响起，蓝队（共 7 名队员）开始发起进攻，3 名红队球员跑向蓝队球员进行施压，形成 7V3 局面。蓝队的目的是在将球传过假人到对面半场之前一直保持控球，且连续传球一定次数后得 1 分。然后红方开始控球，蓝队 3 名球员跑过中央区域到对方半场形成 7V3 局面。练习时间为 5 分钟。

红队赢得控球权或球出界时得 1 分，传球通过 2 个假人交给同伴则得 2 分。然后红队 3 名球员跑向对方区域协助同伴控球。练习结束时，得分最多的一队获胜。

变化： ①通过改变防守球员的人数来调整对抗的难易程度。②通过更改触球次数来提高练习的强度和难度。

训练要点： ①球员要确保动作和技术的质量，控球、逼抢的速度和强度以及由守转攻（或由攻转守）的快速反应。②进攻球员要保证控球的速度，防守球员要作为一个整体逼抢和移动。

4.3　8V8 的攻防转换训练

（在较大场地保持控球，在较小场地进行紧逼）

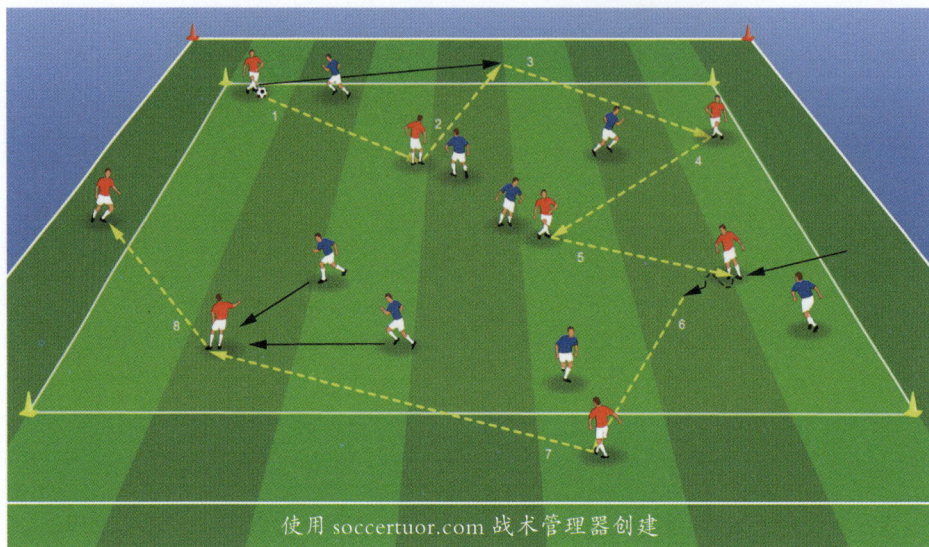

使用 soccertuor.com 战术管理器创建

　　训练目的： 以控球为主，目的在于提高球员的攻防转换能力。目标是最大限度地提高训练负荷（体能）。

　　组织方法： 在 60 米 ×60 米场地中间有一个 55 米 ×55 米的区域，进行 8V8 的控球练习。控球方开球并在全场区域保持控球，防守方只能在中央区域（55 米 ×55 米）进行防守。如果控球方失去控球权，则攻守双方角色互换（进攻方变为防守方、防守方变为进攻方）。练习时间 4 分钟。

　　所有在较小区域外的传球必须传到较小区域内。防守球员不允许进入较大的区域必须保持紧凑队形，紧盯潜在的接球球员，当球在较小区域时力争抢到球。

　　进阶： 可以限制球员在较大区域内的触球次数，或允许有 1 名防守球员站在该区域以增加对进攻球员的压力。

　　训练要点： ①确保移动和技术动作的质量，防守球员在较小区域内要高强度压迫对手。②控球方要尽可能利用球场宽度和纵深的优势。③重点是训练球员在由守转攻（或由攻转守）时的快速反应。④球队需保持紧凑队形。控球方如果丢失控球权则需集体拼抢。

4.4 在 8V4 攻防转换训练中压迫对手，快速夺回控球权

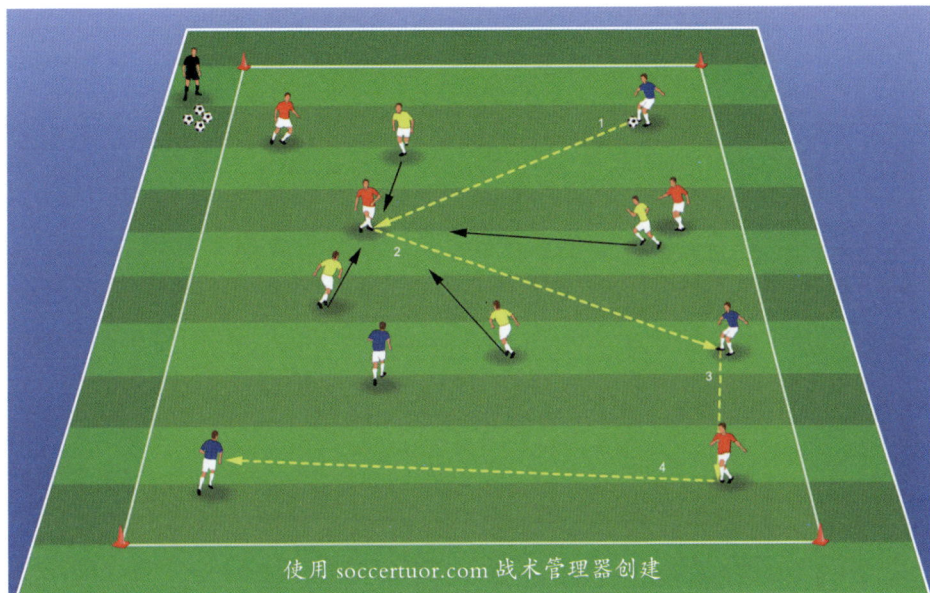

使用 soccertuor.com 战术管理器创建

训练目的： 训练球员对丢球反应迅速，并利用集体逼抢来夺回控球权。练习要求快速，以提高球员的速度耐力和有氧代谢能力。

组织方法： 在 35 米 ×35 米的球场内，将球员分成 3 组（红队、蓝队和黄队），每组 4 名队员。其中 2 组球员进行控球对抗训练（图中的红队与蓝队），另一队（黄队）力争夺回控球权以形成 8V4 局面。丢球的一组随之变为防守方，快速由攻转守，集体逼抢时力争尽快夺回控球权。练习时间为 3 分钟。

此训练要确保控球权不停地转换。在正式训练的开始阶段，教练可以让球员保持一段固定时间的防守来熟悉该练习。训练自始至终限制 2 次触球（减少到 1 次触球可以提高训练的强度）。

训练要点： ①球员要确保移动和技术动作的质量，保持控球、由守转攻（或由攻转守）的施压速度与强度。②控球的 2 个组需要尽可能地利用场地的空间。③球员需要对由攻转守做出快速反应，确保阵型紧凑，并集体逼抢。

4.5　在6V6（+6）攻防转换训练中逼抢，夺回控球权

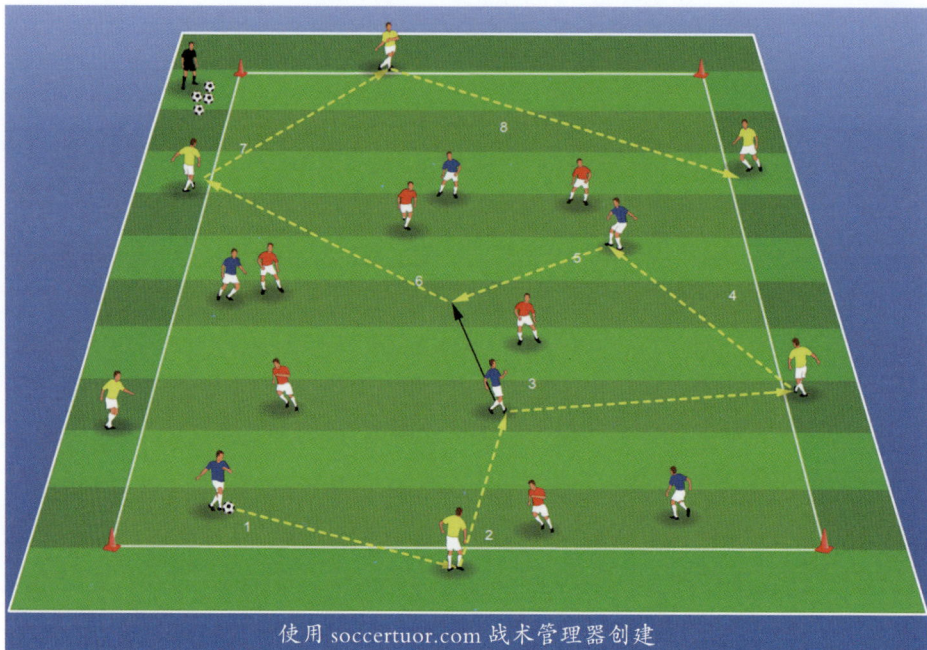

使用 soccertuor.com 战术管理器创建

训练目的：以控球为主，目的是提高攻防转换阶段的体能、有氧代谢能力。

组织方法：球员分成红、蓝、黄3队，每队有6名球员。场地为40米×40米。黄队球员站在边线以外，努力与蓝队球员一起保持控球权，红队力争夺回控球权，形成12V6的局面。

失去控球权的一方变为防守方，为了重新获得控球权，因此在不断地从拉开场地空间以保持控球与缩小空间以保持紧凑阵型之间转换。

在正式训练开始之前，可以让球队保持一段固定时间的防守以熟悉训练内容。位于球场中央的球员的触球次数限制为3次（减少到触球2次可以提高训练的强度），外围球员的触球次数限制为1次。

训练要点：①控球方可以使用站在边线外的球员来保持控球，尽可能让场地扩大。②防守方保持紧凑阵型，集体逼抢，力争夺回控球权。

4.6 3队参与的攻防转换训练中的紧密逼抢（2V4）

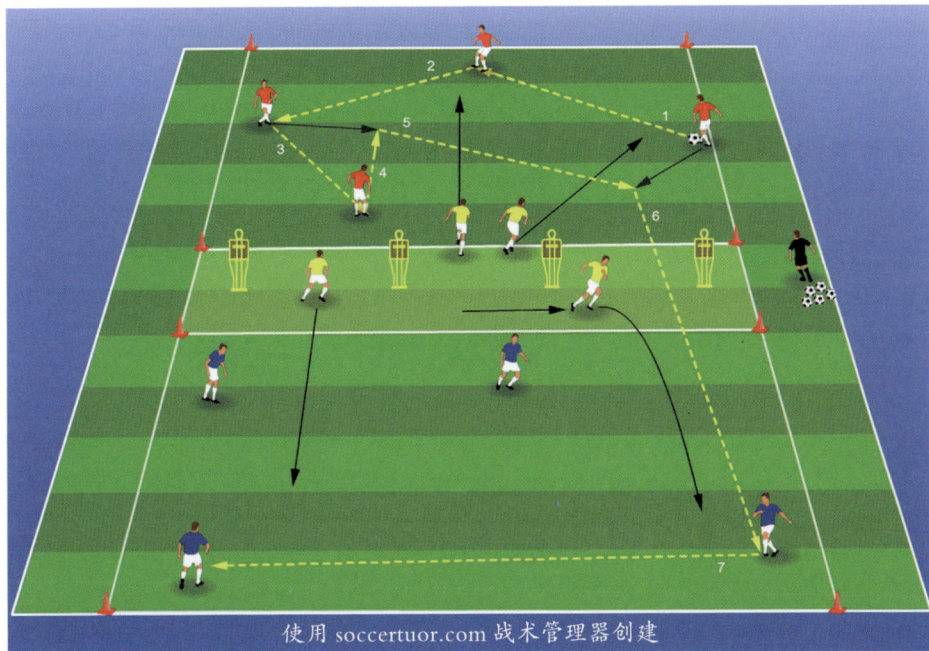

使用 soccertuor.com 战术管理器创建

组织方法：场地为 20 米 ×35 米，左右两侧各有 1 个 20 米 ×15 米的区域，中间有 1 个含 4 个假人的区域（20 米 ×25 米）。球员分为红、黄、蓝 3 队，每队有 4 名球员，各占 1 个区域。

训练开始时，由红队在右侧区域持球，2 名防守球员（黄队）从中间区域向红队逼抢，夺回控球权或将球踢出界得 1 分。如果 2 名黄队球员得分，则红队和黄队互换角色。训练时间为 5 分钟。

红队如果要成功完成一定次数的传球，就必须努力通过假人和中央区域的 2 名黄队球员（他们会努力抢断球）向蓝队传球或蹚球越过假人和 2 名黄队球员。红队如果将球传给对侧区域的蓝队球员，红队得 1 分。中央区域的 2 名黄队球员则马上逼抢蓝队（另外 2 名黄队球员跑回中央区域）。每名球员的传球次数自始至终限制为 2 次。

训练要点：①控球权不断地变化，防守球员在中央区域不断移动，这可以考验球员的速度耐力和体力。②如果同一支球队长时间处于防守状态，那么可以变换其角色，让他们恢复体能。

4.7 2个区域内的控球和转移打法

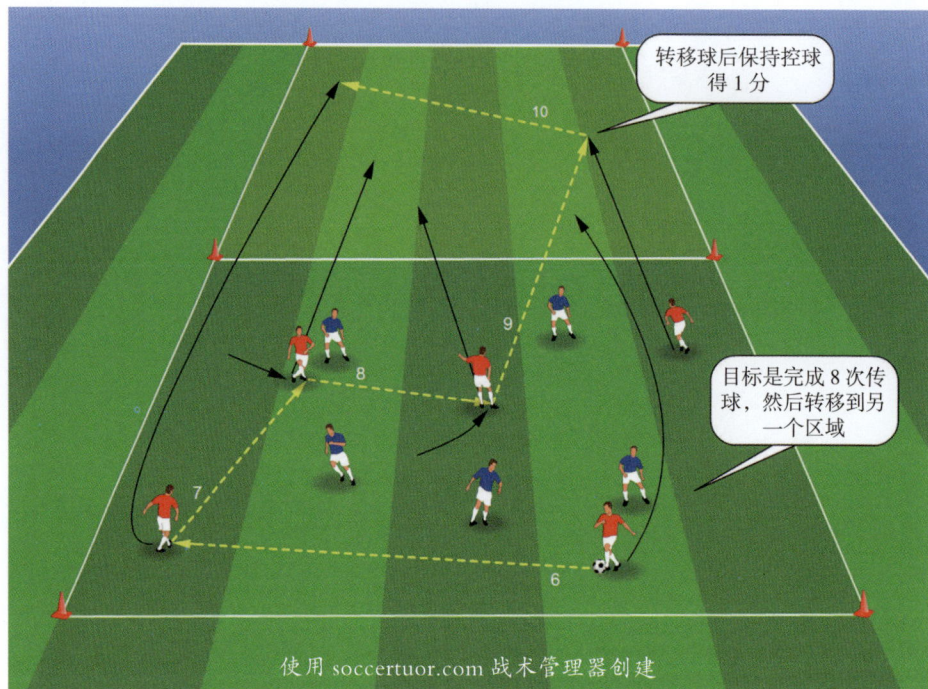

转移球后保持控球得1分

目标是完成8次传球，然后转移到另一个区域

使用 soccertuor.com 战术管理器创建

组织方法： 将20米×40米的场地分为2个半场，红队和蓝队进行5V5训练。红队和蓝队在同一个半场内开始训练。控球方努力连续完成8次传球，防守方努力夺回控球权或将球踢出界外。训练时间为2.5分钟。

控球方如果成功完成8次连续传球，则其中1名球员必须跑到另一个半场去接同伴的下一次传球。如果控球方仍然保持控球，则所有球员都跑向另一个半场，此时控球方得1分（这是成功的转移打法）。如果防守的蓝队获得控球权或者将球踢出界外，那么蓝队重新开球，目的是在进行转移之前达到8次连续的传球。

变化： ①限制触球次数或增加传球次数以改变训练的强度。②增加球员人数以降低训练强度（反之亦然），这取决于球员的身体情况。

训练要点： ①球员要确保移动和技术质量以保持控球、由守转攻（或由攻转守）的速度和强度。②控球方的训练重点是尽可能地利用球场的空间。③控球方最大限度地保持控球，同伴支援的速度是关键。④不要强行采用以转移为目的的传球而是保持控球，并在适当时机再传球。

4.8 7V7 训练中的控球打法和迅速进攻

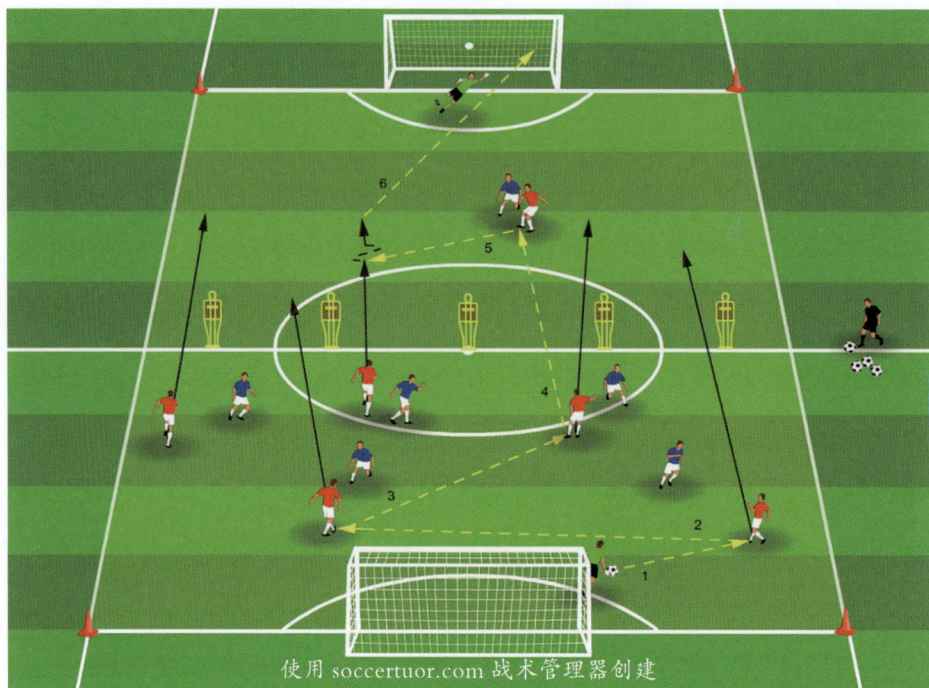

使用 soccertuor.com 战术管理器创建

训练目的：重新获得控球权，摆脱对手的紧逼，进入到进攻阶段（速度耐力、有氧代谢能力）。

组织方法：在 60 米 × 45 米的球场上进行 6V6（+2 个中立的守门员）训练，中线上有 5 个假人。从守门员开始传球，在教练的左侧半场（区域 1）进行 5V5 练习。在教练的右侧半场（区域 2），两队各有 1 名前锋。

控球方（红队）将球传给区域 2 的前锋之前，必须在区域 1 中完成一定次数的传球，训练的强度受既定的传球次数影响。所有的红队队员跑到区域 2 进行助攻和射门。蓝队的防守球员紧跟对方前锋，并阻拦其射门。

蓝队如果在区域 1 中夺回控球权，那么立即向前进攻，所有球员都去助攻射门。这时所有红队球员变为防守球员，并阻拦蓝队球员射门。

训练要点：①创造空间和保持良好的控球，然后迅速地助攻。②防守球员要集体逼抢以提高训练的强度。③由守转攻时需要快速向前传球。在前场进行转移，把球传给边上参与进攻的球员。

4.9　4 区域、8（+4）V8 动态控球训练

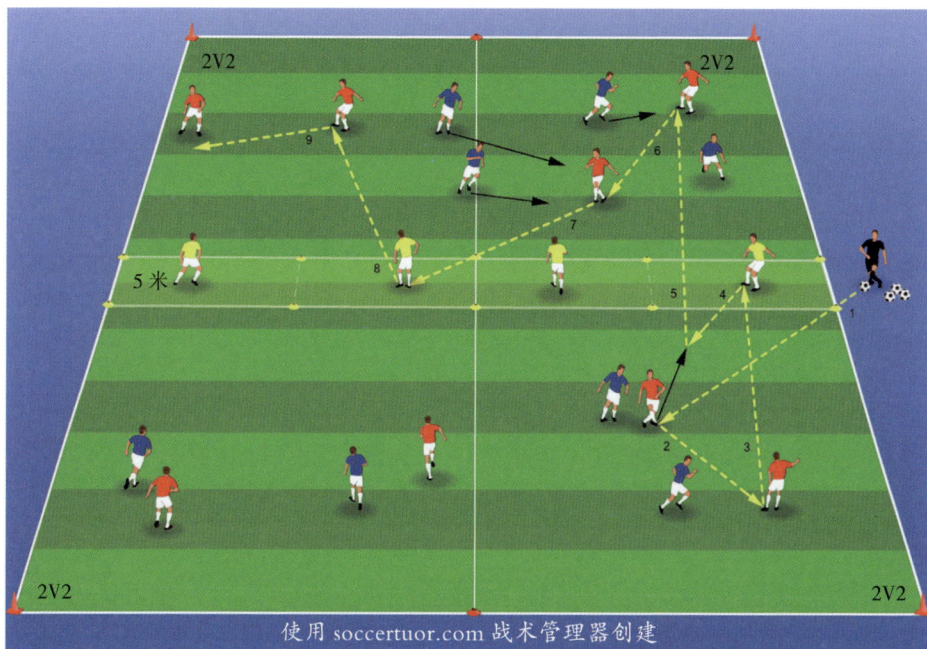

使用 soccertuor.com 战术管理器创建

　　训练目的： 在攻防转换训练中夺回控球权后保持控球（体能、有氧代谢能力）。

　　组织方法： 将 40 米 × 45 米的球场分为 4 个相等的小区域，进行 8（+4）V8 的控球练习。为了保持位置与队形，练习从球场右下角（如上图所示）的小场地开始。有 4 名中立球员在球场中央地带（5 米宽）。

　　控球方必须在每个小区域内始终有 2 名球员，以充分利用场地空间。

　　防守方可以集体逼抢，力争夺回控球权。此攻防转换训练要求球员快速反应，不停地在逼抢与拉开空间之间转换接球。

　　训练要点： ①在控球时，最大限度地提高空闲球员的负荷（12V8 的优势）。②防守方确保采用集体逼抢策略，力争夺回控球权。③在攻防转换时夺回控球权后快速进攻。④重新获得控球权之后，球员的第一反应是拉开空间，跑回各自的小区域内。

4.10　3支球队在小场地对抗训练中快速突破进攻

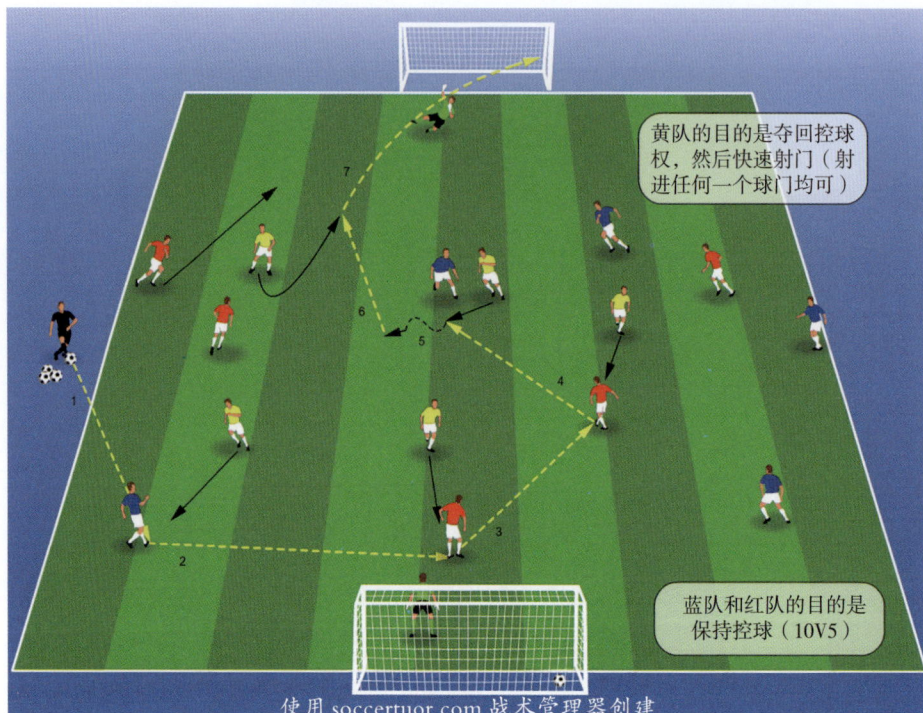

> 黄队的目的是夺回控球权，然后快速射门（射进任何一个球门均可）

> 蓝队和红队的目的是保持控球（10V5）

使用 soccertuor.com 战术管理器创建

训练目的：夺回控球权后快速进攻（最大限度地提高训练负荷和有氧代谢能力）。

组织方法：场地为 40 米 ×50 米，3 支球队，每队 5 名球员，外加 2 名守门员。其中 2 支球队为 1 组，目的是保持控球。另外一支为防守球队，目的是集体逼抢以夺回控球权。

如果防守方夺回控球权，就要尽可能进球（踢进任一球门均可）。其他球员必须迅速反应，并向对手施压以阻止其进球。守门员只能在防守方获得控球权时才能动起来。进攻结束后，失去控球权的队变成新的防守方。

训练要点：①由攻转守、由守转攻都需要快速反应。②控制球，不停地传球。失去控球权则向对方施压。③控球和失去控球权时，需要正确、快速地做出决策。

4.11 3V3（+2）控球与逼抢训练

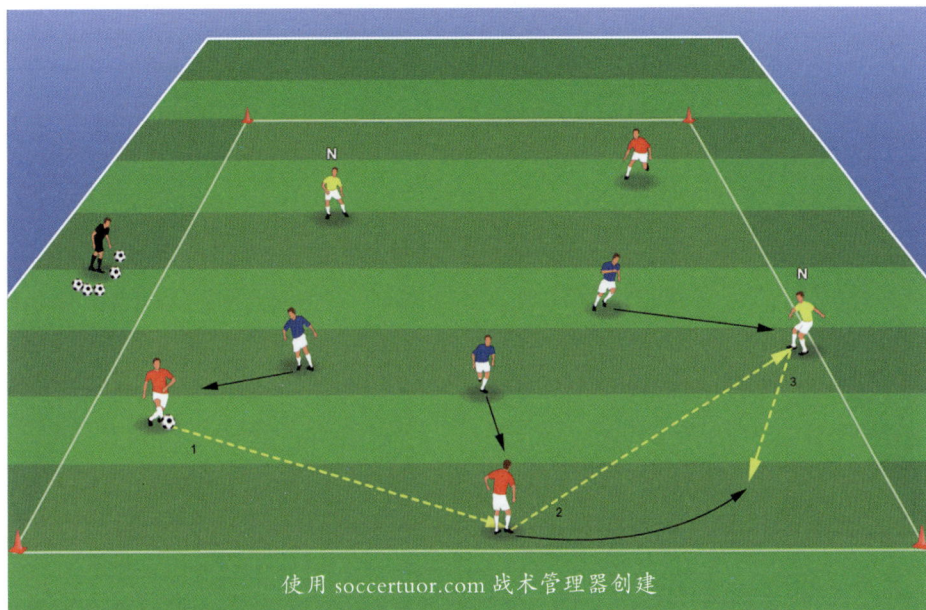

使用 soccertuor.com 战术管理器创建

训练目的： 在人数处于劣势的情况下夺回控球权，目的是提高球员的有氧代谢能力。

组织方法： 在一个 20 米 × 20 米的场地内进行 3V3（+2 名中立球员）的练习，为控球方营造了一个有人员优势的 5V3 局面。球员努力控球，教练统计每队在 2 分钟内成功完成的传球次数。在 2 分钟内传球总次数最多的球队将获胜。

每组练习的时间是 2.5 分钟，重复 4~5 组。练习重点是防守球员封堵对方的传球角度，迫使对方只能向一个方向传球，以便防守球员能够通过逼抢夺回控球权。

变化： ①提高训练强度，球队可以通过完成一定数量的传球来得分。②教练可以根据训练课的重点改变球员的人数。

训练要点： ①确保控球时的动作质量。②通过施压确保练习的高强度。

4.12 通过中圈过渡，向对角方向进攻的位置专项训练

使用 soccertuor.com 战术管理器创建

训练目的： 这是一个使球通过球场的中间区域、向特定方向传球的练习，目的是最大限度地提高训练负荷（体能）。

组织方法： 10V10 比赛中有 4 个球门和 4 名守门员。球场中间有个中圈（如上图所示）。每支球队的进攻和防守都是面对 2 个球门。这可以调整为一支球队防守 1 个球门和进攻 2 个球门，取决于教练的训练重点。确保球员完成自己的职责。球队想要得分，必须首先传球通过中间区域。球员要快速转移球，重点是使对方从场地一边移动到另外一边，创造出一个大的空当。

训练要点： ①让守门员参与，这样后场防守有人数优势。不要强行传球，要有耐心地组织传球。②确保练习的高强度以模拟实战的逼抢。③向前通过中央区域进攻，球员应该在两条边线之间不停地奔跑选位，前锋在控球阶段应回撤到中央区域。④在前场转移球，将球传到对方半场。边锋应当突破对方的防守。

4.13 3V3 高强度连续控球训练

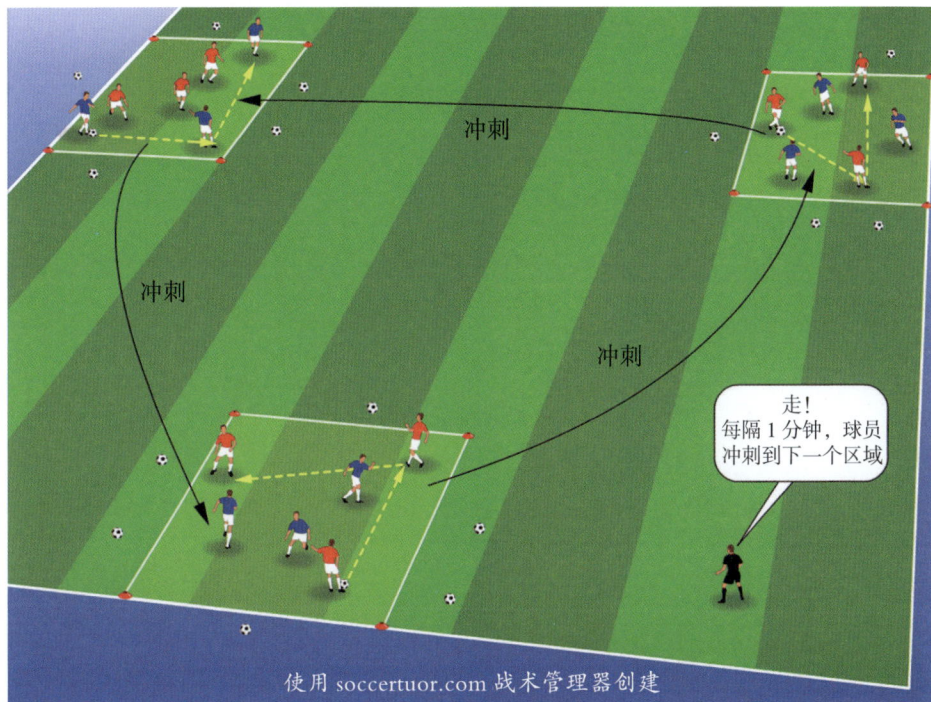

冲刺

冲刺

冲刺

走!
每隔 1 分钟，球员
冲刺到下一个区域

使用 soccertuor.com 战术管理器创建

训练目的：提高球员的有氧代谢能力。

组织方法：有 6 支队，每队 3 名球员。在图中标记出来的 3 个小区域的每个区域进行 3V3 练习（可以扩大区域以增加球员人数）。当球出界时，确保各个小区域周围有备用球。

每场训练是 5 分钟。每隔 1 分钟，教练喊出"开始"的口令时，在小区域内的所有球员快速冲刺到另一个小区域（逆时针轮转），继续进行控球练习。练习了 5 分钟后，球员可以休息 2.5 分钟，最多 5 分钟。练习重复 3~6 次。随着时间的推移，球员的体能水平提高了，完成次数也增加了。

教练可以用球员在训练期间的心率来确定运动强度。该练习是高强度的，心率大约达到 180 次 / 分钟，相当于 90%HR$_{max}$。此强度的训练将会提高球员的有氧代谢能力。

4.14 5V5 高强度有氧耐力训练

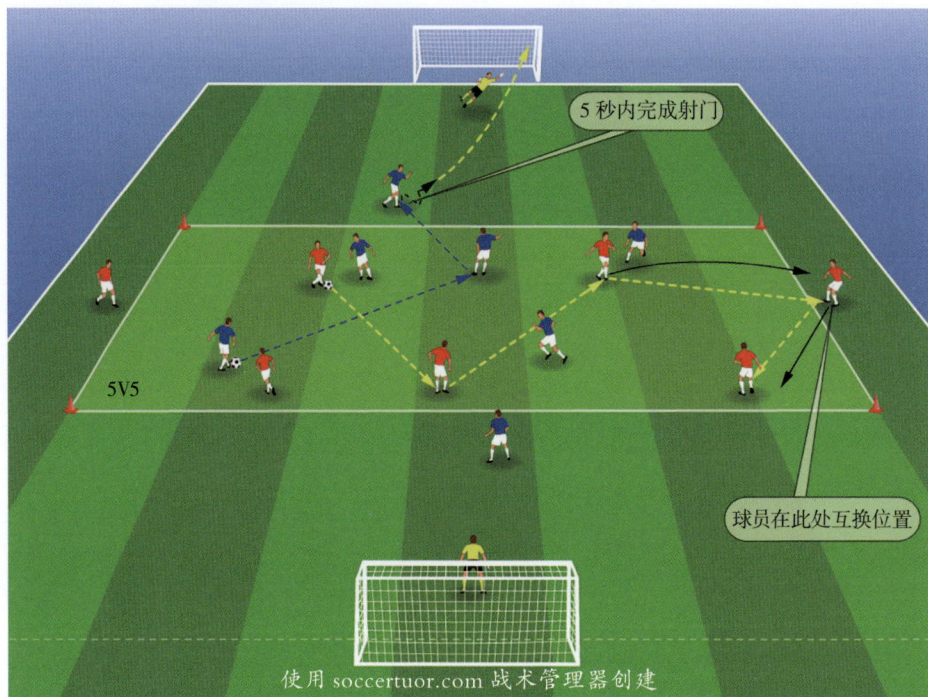

5秒内完成射门

5V5

球员在此处互换位置

使用 soccertuor.com 战术管理器创建

训练目的：在足球专项练习中提高球员的有氧代谢能力。

组织方法：在球场中央区域使用 2 个足球进行 5V5 的练习。蓝队将球传给中央区域外的 2 名前锋中的任何一个，接球的前锋必须在接到球后 5 秒之内完成射门。

红队的目的是把球从一边转移到另外一边。当球被传给站在中央区域外的 2 名球员中的任意一个，接球的队员与区域外接球的队员相互交换位置。

每个练习的持续时间是 5 分钟，练习了 5 分钟后，球员可以休息 2.5 分钟，最多 5 分钟。练习重复 3~6 次。该练习是高强度的，心率大约达到 180 次 / 分钟，相当于 90%HR$_{max}$。此强度的训练将会提高球员的有氧代谢能力。

训练要点：关键的技术要素是球员的交叉换位、好的跑位，以及传球的力度、时机与质量。

4.15　6V6 动态攻防转换中的有氧耐力训练

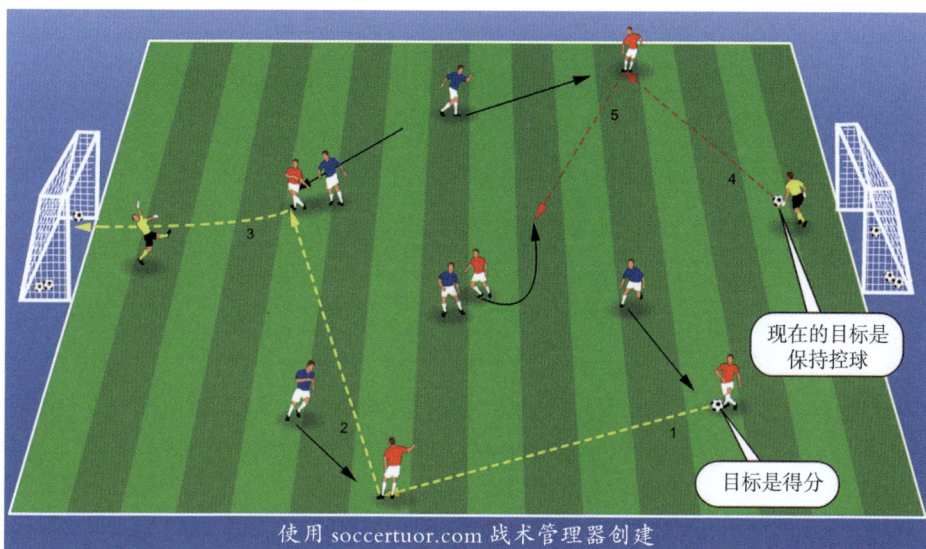

现在的目标是
保持控球

目标是得分

使用 soccertuor.com 战术管理器创建

训练目的：以控球为目的的攻防转换训练（体能、有氧耐力）。

组织方法：在 40 米 ×30 米的场地内进行 6V6 持续控球练习（包括间歇时间，总时间为 30 分钟）。控球组（红队）的目的是进球得分。如果红队得分了，他们新的目标就是尽可能长时间地保持控球。对手（蓝队）集体逼抢，力争夺回控球权。如果蓝队夺回控球权，那么他们的目标不变——首先是得分，然后是保持控球。依此循环。此练习是有球训练，设计此训练课的目的是提高球员的心率并维持在一定水平，以提高球员的心血管系统的功能（强度 >85％HR_{max}）。该练习总时间约为 30 分钟，但每场练习之间应该有休息时间。这可视为高强度的训练，因此每场练习的时间应不超过 10 分钟。球员可以达到 90％HR_{max} 的强度。

变化：①8 次对抗，每次持续 4 分钟。②5 次对抗，每次持续 6 分钟。③4 次对抗，每次持续 8 分钟。④3 次对抗，每次持续 10 分钟。

训练要点：①防守组需要高强度快速逼抢。②由守转攻、由攻转守时球员的反应要快。③确保球员跑位的质量，为保持控球，要尽要能拉开球场的空间。④为最大限度地保持控球，控球球员需要同伴助攻，力争进球得分。⑤ 不要强行传球，但力争得分，并在控球时更积极主动。

关键术语

· 三磷酸腺苷（Adenosine Triphosphate，ATP）：是生命的能量之源。ATP 是一种高能分子，存在于每个细胞中。它的作用是储存和供应细胞所需的能量。

· 有氧运动（Aerobic Exercise）：有助于提高氧气在身体内使用、吸收和输送的运动。

· 有氧代谢能力（Aerobic Capacity）：在进行最大强度身体运动时所产生最高的氧气消耗量。

· 无氧运动（Anaerobic Exercise）：主要是在氧气不参与的情况下进行的运动。

· 无氧代谢能力（Anaerobic Capacity）：在进行短时间的运动期间，主要在不使用氧气的情况下为身体提供能量。这些运动或身体活动会产生大量的乳酸。

· 有氧代谢（Aerobic Metabolism[①]）：在氧气充足的条件下分解碳水化合物和脂肪来产生能量。副产品是二氧化碳和水，身体会通过呼吸和出汗来处理它们。

· 血乳酸（Blood Lacate）：由于输送到运动肌肉的氧气量不足以支持运动表现，从而在血液中出现乳酸。

· 心输出量（Cardiac Output，CO）：心脏在 1 分钟内泵送通过循环系统的血液量。

· 昼夜节律（Circadian Rhythm）：基于 24 小时间隔的每日规律的活动周期。

· 变向（Change of Direction，COD）：方向的变化。

· 磷酸肌酸（Creatine Phosphate，CP）：一种有机化合物，当肌纤维需要初始爆发时，它能快速地提供能量来源使其收缩。

· 糖原耗尽（Glycogen Depletion）：当储存在肝脏和肌肉中的碳水化合物水平转化为糖原供能时，糖分就会耗尽。

---

① 译者注：原书为 Anaerobic Metabolism，但从文中意思来看应该是有氧代谢（Aerobic Metabolism），而不是无氧代谢，有氧代谢的产物是二氧化碳和水，无氧代谢的产物还有乳酸。

· 激素变化（Hormonal Variations）：血液中释放的由身体组织产生的影响生理活动（如生长或新陈代谢）的物质。

· 最大心率（Maximal Heart Rate，HR_{max}、MHR）：心脏在一分钟内最快的跳动次数。

· 乳酸阈（Lactate Threshold，LT）：是运动员在血液中的乳酸很少或没有增加的情况下，可以保持长时间训练的最大能量输出或强度。

· 动作分析（Movement Analysis）：训练中对运动员动作的分解与分析。

· 氧化代谢（Oxidative Metabolism）：在供氧充足的情况下，碳水化合物（糖）被氧化，从而为工作肌肉提供能量的化学过程。

· 氧动力学（Oxygen Kinetics）：将氧气输送到对运动需求产生生理应答的组织器官所需的时间。

· 摄氧量（Oxygen Uptake）：身体在运动和非运动期间消耗的氧气。

· 反复冲刺能力（Repeated Sprint Ability，RSA）：运动员或球员进行短时冲刺（<10 秒）的能力，穿插短暂恢复（<60 秒）。

· 自觉疲劳程度量表或主观疲劳评定量表（Rate of Perceived Exertion，RPE）：用于衡量运动强度。感觉疲劳是个体化的关于运动强度的评级，使用心率、呼吸和出汗量作为测量值。

· 跑步经济性（Running Economy，RE）：在一个给定速度的次最大强度跑动中的能量需要。

· 每搏输出量（Stroke Volume，SV）：心脏每次从左心室泵出的血液量。

· 身体移动总距离（Total Distance Covered，TDC）：训练或比赛时，运动员移动的总距离。

· 最大摄氧量（VO_{2max}）：运动时心脏、肺和肌肉有效使用氧气的最大值。它被用来衡量一个人的个人有氧代谢能力。

· 运动能力特征（Work Rate Profiles）：个体在生理和技术层面的运动能力。

参考文献

1 足球训练与实践

- Abrantes, C.I., Nunes, M.I., Maçãs, V.M., Leite, N.M., & Sampaio, J.E. (2012). Effects of the number of players and game type constraints on heart rate, rating of perceived exertion, and technical actions of small-sided football games.
  J Strength Cond Res, 26 (4): 976–981.

- Aguiar M., Botelho G., Lago C., Maçãs V., Sampaio J. (2012). A Review on the Effects of Football Small-Sided Games, 103-113.

- Arnason A., Sigurdsson SB., Gudmundsson A., Holme I., Engebretsen L., Bahr R. (2004). Physical fitness, injuries, and team performance in football. Med Sci Sports & Exercise, 36 (2): 278-285.

- Breil FA., Weber SN., Koller S., Hoppeler H., Vogt M. (2010). Block training periodization in alpine skiing: effects of 11-day HIT on VO_{2max} and performance. Eur J Appl Physiol, 109 (6): 1077-1086.

- Buchheit M., Al Haddad H., Millet GP., Lepretre PM., Newton M., Ahmaidi S. (2009). Cardiorespiratory and Cardiac Autonomic Responses to 30-15 Intermittent Fitness Test in Team Sport Players. J Strength Cond Res, 23 (1): 93-100.

- Casamichana D., Castellano J. (2010). Time–motion, heart rate, perceptual and motor behaviour demands in small-sides football games: Effects of pitch size. J Sports Sci, 28 (14): 1615-1623.

- Chagovets NR. (1956). Biochemical changes in the muscles during rest after physical effort. Ukr Bioch Journ, 29: 450-457.

- Coutts AJ., Rampinini E., Marcora SM., Castagna C., Impellizzeri FM. (2009). Heart rate and blood lactate correlates of perceived exertion during small-sided football games. J Sci Med Sport, 12 (1) :79-84.

- Dellal, A., Chamari K., Owen A., Wong DP., Lago-Penas C., Hill-Haas S. (2011). Influence of the technical instructions on the physiological and physical demands within small-sided football games. Eur J Sport Sci, 11: 341–346.

- Dellal A., Diniz da Silva C., Hill-Haas S., Wong DP., Natali AJ., De Lima J., Bara Filho M., Marins J., Garcia ES., Chamari K. (2012). Heart Rate Monitoring in Football: Interest and Limits During Competitive Match Play and Training, Practical Application.
  J Strength Con Res 26 (10): 2890-2906.

- Dellal A., Wong DP. (2013). Repeated sprint and change-of-direction abilities in football players: effects of age group.
  J Strength Cond Res, 27 (9): 2504-2508.

- Fanchini M., Azzalin A., Castagna C., Schena F., McCall A., Impellizzeri FM. (2011). Effect of bout duration on exercise intensity and technical performance of small-sided games in football. J Strength Cond Res, 25: 453-458.

- Gabbett TJ., Mulvey MJ. (2008). Time-motion analysis of small-sided training games and competition in elite women football players. J Strength Con Res, 22: 543-552.

- Harre D. (1983). Principles of Sports Training. Berlin: Sportverlag, Germany.

- Hill-Haas SV., Coutts AJ., Rowsell GJ., Dawson BT. (2009). Generic versus small-sided game training in football.
  Int J Sports Med, 30 (9): 636-642.

- Hill-Haas SV., Dawson B., Impellizzeri FM., Coutts AJ. (2011). Physiology of small-sided games training in football: A systematic review. Sports Med, 41: 199–220.

- Hoff J., Helgerud J. (2004). Endurance and strength training for football players. Physiological considerations.
  Sports Med, 34: 165–80.

- Issurin VB. (2010). New horizons for the methodology and physiology of training periodization. Sports Med, 40 (3): 189-206.

- Issurin V., Kaverin V. (1985). Planirovainia i Postroenie Godovogo Cikla Podgotovki Grebcov. Moscow: Grebnoj port.

- Jan van Winckel. Fitness in football – the science

- Jones S., Drust B. (2007). Physiological and technical demands of 4 vs. 4 and 8 vs. 8 in elite youth football players. Kinesiol, 39:150-156.

- Kelly DM., Drust B. (2009). The effect of pitch dimensions on heart rate responses and technical demands of small-sided football games in elite players. J Sci Med Sport; 12: 475-479.

- Köklü Y., Ersöz G., Alemdaroglu U., Asç A., Özkan A. (2012). Physiological Responses and Time-Motion Characteristics of 4-A-Side Small-Sided Game in Young Football Players: The Influence of Different Team Formation Methods.
  J Strength Cond Res, 26 (11): 3118-3123.

- Le Meur Y., Hausswirth & Mujika (2012). Tapering for competition: A review, Science & Sport.

- Mallo J. (2012). Effect of block periodization on physical fitness during a competitive football season. Int J Perf Analy Sport,12 (1): 64-74

- Mallo J., Navarro E. (2008). Physical load imposed on football players during small-sided training games. J Sports Med Phys Fitness, 48: 166-171

- Matveyev L. (1981). Fundamentals of Sports Training.
  Moscow: Fizkultura i Sport, 1977; Moscow: Progress, 1981 [translated by A.P. Zdornykh]; pp. 245-259).

- Matveyev, 1964 - Periodization

- Owen A., Wong DP., McKenna M., Dellal A. (2011). Heart rate response and technical comparison between small- vs. large-sided games in elite professional football. J Strength Con Res, 25 (8): 2104-2110.

- Owen A., Wong D., Dellal A. (2012). Effects of a periodized small-sided game training intervention on physical performance in elite professional football. J Strength Con Res, 26 (10): 2748–2754.

- Platonov V. (1997). The general of the theory of preparation of sportsmen in Olympic sport.

- Olympic literature, Kyiv (in Russian).

- Rampinini E., Impellizzeri FM., Castanga C., Abt G., Chamari K., Sassi A., Marcora SM. (2007). Factors influencing physiological responses to small-sided football games. J Sports Sci, 25: 659–666.

- Reilly, T. (2005). An ergonomics model of the football training process. J Sports Sci, 23 (6): 561-572.

- Saltin B., Essen B. (1971). Muscle glycogen, lactate, ATP, and CP in intermittent exercise. In Muscle metabolism during exercise, pages 419-424. Springer US.

- Terjung RL., Baldwin KM., Winder WW., Holloszy JO. (1974). Glycogen repletion in different types of muscle and in liver after exhausting exercise. Am J Physiol, 226: 1387–1391.

- Yakovlev NN. (1955). Survey on sport biochemistry [in Russian]. Moscow: FiS Publisher.

- Zimkin 1961 – Periodization.

- Zheliazkov, 1981 - Periodization.

2 小场地对抗训练概述

- Abrantes, C.I., Nunes, M.I., Maçãs, V.M., Leite, N.M., & Sampaio, J.E. (2012). Effects of the number of players and game type constraints on heart rate, rating of perceived exertion, and technical actions of small-sided soccer games.
  J Strength Cond Res, 26 (4): 976–981.

- Aguiar M., Botelho G., Lago C., Maçãs V., Sampaio J. (2012). A Review on the Effects of Soccer Small-Sided Games, 103-113.

- Arnason A., Sigurdsson SB., Gudmundsson A., Holme I., Engebretsen L., Bahr R. (2004). Physical fitness, injuries, and team performance in soccer. Med Sci Sports & Exercise, 36 (2): 278-285.

- Barros RML., Misuta MS., Menezes RP. (2007). Analysis of the distances covered by first division Brazilian soccer players obtained with an automatic tracking method. J Sports Sci Med, 6 (2): 233-42.

- Bloomfield, J., Ploman, R., O'Donoghue, P. (2007). Physical Demands of Different Positions in FA Premier League Soccer.
  Sport Sci Med, Mar 1; 6 (1): 63-70.

- Breil FA., Weber SN., Koller S., Hoppeler H., Vogt M. (2010). Block training periodization in alpine skiing: effects of 11-day HIT on VO_{2max} and performance. Eur J Appl Physiol, 109 (6): 1077-1086.

- Brito, J., Hertzog, M., & Nassis G.P. (2015). Do match-related contextual variables influence training load in highly trained soccer players?

- Bradley PS, Sheldon W, Wooster B, Olsen, P., Boanas, P., & Krustrup, P. (2009) High-intensity running in English FA Premier League soccer matches. J Sports Sci, 27: 159–168.

- Bradley, P.S., Carling, C., Archer, D., Roberts, J., Dodds, A., Di Mascio, M., Paul, D., Gomez Diaz, A., Peart, D., Krustrup, P. (2011). The effect of playing formation on high-intensity running and technical profiles in English FA Premier League soccer matches. J Sports Sci 2011 ; 9 : 821 – 830.

- Buchheit M., Al Haddad H., Millet GP., Lepretre PM., Newton M., Ahmaidi S. (2009). Cardiorespiratory and Cardiac Autonomic Responses to 30-15 Intermittent Fitness Test in Team Sport Players. J Strength Cond Res, 23(1):93-100.

- Buchheit, M., Allen, A., Poon, T.K., Modonutti, M., Gregson, W., & Di Salvo, V. (2014). Integrating different tracking systems in football: multiple camera semi-automatic system, local position measurement and GPS technologies.
  J Sports Sci, 32, 1844-1857.

- Carling, C., Bloomfield, J., Nelsen, L., Reilly, T. (2008). The role of motion analysis in elite soccer contemporary performance measurement techniques and work rate data . Sports Med, 38: 839 – 862.

- Casamichana D., Castellano J. (2010). Time–motion, heart rate, perceptual and motor behaviour demands in small-sides soccer games: Effects of pitch size. J Sports Sci, 28 (14): 1615-1623.

- Chagovets NR. (1956). Biochemical changes in the muscles during rest after physical effort. Ukr Bioch Journ, 29: 450-457.

- Coutts AJ., Rampinini E., Marcora SM., Castagna C., Impellizzeri FM. (2009). Heart rate and blood lactate correlates of perceived exertion during small-sided soccer games. J Sci Med Sport, 12 (1): 79-84.

- Coutts, A. J., Chamari, K., Impellizzeri, F. M., & Rampinini, E. (2008). Monitoring Training in Soccer: Measuring and Periodising Training. In D. Alexandre (Ed.), De l'entraînement à la performance en football (pp. 242–258). Bruxelles: de Boeck.

- Dawson B. (1996). Periodisation of speed and endurance training. In P. R. J. Reaburn & D. G. Jenkins (Eds.), Training for Speed and Endurance (pp. 76-96). Sydney: Allen & Unwin.

- Dellal, A., Wong, D. P., Moalla, W., & Chamari, K. (2010). Physical and technical activity of soccer players in the French First League-with special reference to their playing position. Int J Sports Med; 11: 278–290.

- Dellal, A., Chamari K., Owen A., Wong DP., Lago-Penas C., Hill-Haas S. (2011). Influence of the technical instructions on the physiological and physical demands within small-sided soccer games. Eur J Sport Sci, 11: 341–346.

- Dellal A., Diniz da Silva C., Hill-Haas S., Wong DP., Natali AJ., De Lima J., Bara Filho M., Marins J., Garcia ES., Chamari K. (2012). Heart Rate Monitoring in Soccer: Interest and Limits During Competitive Match Play and Training, Practical Application.
  J Strength Con Res 26 (10): 2890-2906.

- Dellal A., Wong DP. (2013). Repeated sprint and change-of-direction abilities in soccer players: effects of age group.
  J Strength Cond Res, 27 (9): 2504-2508.

- Di Mascio, M., & Bradley, P.S.(2012) Evaluation of the most intense high-intensity running period in English FA premier league soccer matches. J Strength Cond Res. Apr; 27(4):909-15 Di Salvo, V., Collins, A., McNeill, B., Cardinale, M. (2006). Validation of Prozone: A new video-based performance analysis system. Int J Perf Anal Sport. 6: 108 – 109.

- Di Salvo. W., Pigozzi, F., González-Haro, C., Laughlin, M.S., De Witt, J.K. (2013) Match Performance Comparison in Top English Soccer Leagues. Int J Sports Med; 34: 526–532.

- Eirale, C., Tol, J.L., Farooq, A., Farooq, A., Smiley, F., & Chalabi, H. (2013). Low injury rate correlates with team success in Qatari professional football. Br J Sports Med, 47: 807–8.

- Fanchini M., Azzalin A., Castagna C., Schena F., McCall A., Impellizzeri FM. (2011). Effect of bout duration on exercise intensity and technical performance of small-sided games in soccer. J Strength Cond Res, 25: 453-458.

- Foster, C. (1998). Monitoring training in athletes with reference to overtraining syndrome. Medicine and Science in Sports and Exercise, 30: 1164-1168.

- Foster, C, Florhaug, JA, Franklin, J, Gottschall, L, Hrovatin, LA, Parker, S, Doleshal, P, and Dodge, C. (2001). A new approach to monitoring exercise training.J Strength Cond Res15: 109–115.

- Gabbett TJ., Mulvey MJ. (2008). Time-motion analysis of small-sided training games and competition in elite women soccer players. J Strength Con Res, 22: 543-552.

- Gamble P. (2006). Periodization of training for team sports athletes. Strength Cond J, 28 (5): 56-66.

- Harre D. (1983). Principles of Sports Training. Berlin: Sportverlag, Germany.

- Hill-Haas SV., Coutts AJ., Rowsell GJ., Dawson BT. (2009). Generic versus small-sided game training in soccer.
  Int J Sports Med, 30 (9): 636-642.

- Hill-Haas SV., Dawson B., Impellizzeri FM., Coutts AJ. (2011). Physiology of small-sided games training in football: A systematic review. Sports Med, 41: 199–220.

- Hoff J., Helgerud J. (2004). Endurance and strength training for soccer players. Physiological considerations.
  Sports Med, 34: 165–80.

- Impellizzeri, F.M., Marcora, S.M., Castagna, C., Reilly, T., Sassi, A., Iaia, F.M., and Rampinini, F. Physiological and performance effects of generic versus specific aerobic training in soccer players. Int J Sports Med. 27 (6): 483-92. 2006.

- Impellizzeri, F. M., Rampinini, E., Coutts, A. J., Sassi, A., & Marcora, S. M. (2004). Use of RPE-based training load in soccer.
  Med Sci Sports Exerc, 36,1042–1047.

- Issurin V. (2010). New horizons for the methodology and physiology of training periodization. Sports Med, 40 (3): 189-206.

- Issurin V., Kaverin V. (1985). Planirovainia i Postroenie Godovogo Cikla Podgotovki Grebcov. Moscow: Grebnoj port.

- Van Winckel, J., Tenney, D., Helsen, W., McMillan, K., Meert, J.P., Bradley, P. (2014). Fitness in Soccer: The science and practical application, Moveo Ergo Sum / Leuven.

- Jennings, D., Cormack, S., Coutts, A. J., Boyd, L., & Aughey, R. J. (2010). The validity and reliability of GPS units for measuring distance in team sport specific running patterns. Int J Sports Physiol Perform, 5, 328-341.

- Jeong, T.S., Reilly, T., Morton, J., Bae, S.W., & Drust, B. (2011).Quantification of the physiological loading of one week of "pre-season" and one week of "in-season" training in professional soccer players. J Sports Sci, 29 (11): 1161-1166.

- Jones S., Drust B. (2007). Physiological and technical demands of 4 vs. 4 and 8 vs. 8 in elite youth soccer players.
  Kinesiol, 39: 150-156.

- Kelly DM., Drust B. (2009). The effect of pitch dimensions on heart rate responses and technical demands of small-sided soccer games in elite players. J Sci Med Sport; 12: 475-479.

- Kelly VG., Coutts AJ. (2007). Planning and monitoring training loads during the competition phase in team sports.
  Strength Cond J, 29 (4): 32-37.

- Köklü Y., Ersöz G., Alemdaroglu U., Asç A., Özkan A. (2012). Physiological Responses and Time-Motion Characteristics of 4-A-Side Small-Sided Game in Young Soccer Players: The Influence of Different Team Formation Methods.
  J Strength Cond Res, 26 (11): 3118-3123.

- Lago, C. (2009) The influence of match location, quality of opposition, and match status on possession strategies in professional association football . J Sports Sci ; 27: 1463–1469.

- Le Meur Y., Hausswirth & Mujika (2012). Tapering for competition: A review, Science & Sport.

- MacLeod H, Morris J, Nevill A, Sunderland C. (2009) The validity of a non-differential global positioning system for assessing player movement patterns in field hockey. J Sports Sci.27: 121–128.

- Mallo, J., Dellal, A. (2013). Injury risk in professional football players with special reference to the playing position and training periodization. Inj Prev. 2014 Aug; 20(4):e8. doi: 10.1136/injuryprev-2013-041092. Epub 2013 Dec 13.

- Mallo J. (2012). Effect of block periodization on physical fitness during a competitive soccer season. Int J Perf Analy Sport, 12 (1): 64-74.

- Mallo J., Navarro E. (2008). Physical load imposed on soccer players during small-sided training games. J Sports Med Phys Fitness, 48: 166-171.

- Malone, J., Di Michele, R., Morgans, R., Burgess, D., Morton, J.P., & Drust, B. (2015). Seasonal training load quantification in elite English Premier League soccer players. Int J Sports Physiol Perform, 10,489-497.

- Matveyev L. (1981). Fundamentals of Sports Training. Moscow: Fizkultura i Sport, 1977; Moscow: Progress, 1981 [translated by A.P. Zdornykh]; pp. 245-259).

- Matveyev, L.P. (1964). Problem of periodization the sport training. [In Russian.] Moscow: FiS Publisher.

- McMillan. K., Helgerud. J., Grant, S.J., Newell, J., Wilson, J., Macdonald, R., & Hoff, J. (2005) Lactate threshold responses to a season of professional British youth soccer. Br J Sports Med, 39: 432-436.

- Mohr, M., Krustrup, P., & Bangsbo, J. (2003) Match performance of high standard soccer players with special reference to development of fatigue. J Sports Sci; 21: 519-528.

- Osgnach, C., Poser, S., Bernardini, R., Rinaldo, R., Di Prampero, P.E. (2010) Energy cost and metabolic power in elite soccer: a new match analysis approach. Med Sci Sports Exerc; 42: 170–178

- Owen A., Wong DP., McKenna M., Dellal A. (2011). Heart rate response and technical comparison between small- vs. large-sided games in elite professional soccer. J Strength Con Res, 25 (8): 2104-2110.

- Owen, A, Wong, D.P., Paul, D., Dellal, A. (2012). Effects of a periodized small-sided game training intervention on physical performance in elite professional soccer. J Strength Cond Res. Oct; 26 (10): 2748-54.

- Owen, A., Wong, D.P., Dellal, A., Paul, D.J., Orhant, E., Collie, S. (2013). Effect of an injury prevention program on muscle injuries in elite professional soccer. J Strength Cond Res. Dec; 27 (12): 3275-85.

- Owen, A., Wong, D.P., Paul, D., Dellal, A. (2014). Physical and technical comparisons between various-sided games within professional soccer. Int J Sports Med, Apr; 35 (4): 286-92

- Platonov V. (1997). The general of the theory of preparation of sportsmen in Olympic sport.
  Olympic literature, Kyiv (in Russian).

- Rampinini, E., Coutts, A.J., Castagna, C., Sassi, R., & Impellizzeri F.M. (2007) Variation in top level soccer match performance. Int J Sports Med, 28: 1018-1024.

- Rampinini E., Impellizzeri FM., Castanga C., Abt G., Chamari K., Sassi A., Marcora SM. (2007). Factors influencing physiological responses to small-sided soccer games. J Sports Sci, 25:659–666.

- Randers MB., Mujika I., Hewitt A., Santisteban J., Bischoff R., Solano R. (2010). Application of four different football match analysis systems: A comparative study. J Sport Sci, 28: 171–182.

- Reilly, T. (2005). An ergonomics model of the soccer training process. J Sports Sci, 23 (6): 561-572.

- Reilly T. The training process. In: Reilly T, ed. The Science of Training—Soccer: A Scientific Approach to Developing Strength, Speed and Endurance. London: Routledge; 2007:1–19.

- Rodríguez-Marroyo, J.A., & Antoñan C. (2015). Validity of the Session Rating of Perceived Exertion for Monitoring Exercise Demands in Youth Soccer Players. Int J Sports Physiol Perform, 10,404-407.

- Saltin B., Essen B. (1971). Muscle glycogen, lactate, ATP, and CP in intermittent exercise. In Muscle metabolism during exercise, p419-424. Springer US.

- Scott, B.R., Lockie, R.G., Knight, T.J., Clark, A.C., de Jonge, J. (2012). A comparison of methods to quantify the in-season training load of professional soccer players. J Sports Med Phys Fitness. Dec; 52 (6): 631-8.

- Strudwick T., Reilly T. (2001). Work-rate profiles of elite Premier League football players. Insight, 2 (2): 28-29.

- Terjung RL., Baldwin KM., Winder WW., Holloszy JO. (1974). Glycogen repletion in different types of muscle and in liver after exhausting exercise. Am J Physiol, 226: 1387–1391.

- Vigne, G., Dellal, A., Gaudino, C., Chamari, K., Rogowski, I., Alloatti, G., Wong, P.D., Owen, A., Hautier, C. (2013). Physical outcome in a successful Italian Serie A soccer team over three consecutive seasons. J Strength Cond Res. May; 27 (5): 1400-6.

- Yakovlev NN. (1955). Survey on sport biochemistry [in Russian]. Moscow: FiS Publisher.

丛书简介

你看过本丛书的另外一本吗？——《足球体能训练基础》。

足球是世界上最受欢迎的体育运动项目之一，男女老少都热衷于参加竞赛类与非竞赛类的足球运动。许多人称足球为"美丽的运动"。足球产业是一项数百万磅的产业，有巨大的受众和商业价值，并不断发展。球员运动表现取决于其技术、战术、心理、生理等因素（Owen 等，2012；Nedelec 等，2014；Stølen 等，2005）。足球在世界范围内如此受欢迎的一个根本原因，可能是球员不必在上述的因素中具备超常水平，但必须达到相当的能力（Ingebrigsten 等，2012；Stølen 等，2005）。

传统上，足球训练以提高球员的技术和战术能力为主。近年来，足球训练出现了一些变化，即训练课有多种目的，旨在最大化地增加球员与球队专业技术人员、体能教练及医务人员之间的交流或工作时间。

当前，足球科研人员运用升级换代和可信度高的仪器设备研究足球体能，他们发表的科学文献普遍认为，职业球员在一场比赛中的平均移动距离为 9～12 千米（Di Salvo 等，2006；Barros 等，2007；Dellal 等，2011）。《足球体能训练基础》第一部分讨论了许多不同级别比赛中的球员身体移动的特征（如跑动距离和运动强度），分析了精英球员的身体移动参数如何影响其生理负荷。

最近的研究文献表明，精英水平的足球运动员拥有出色的耐力水平，VO_{2max}（详见关键术语）为 55～70 毫升/（千克·分钟）（McMillan 等，2005；O'Reilly,Wong，2012），比赛平均强度接近乳酸阈（详见关键术语），为最大心率的 80%～90%（Helgerud 等，2001；McMillan 等，2005）。

先前的研究成果证明，球员在比赛中的有氧代谢能力（详见关键术语）、身体移动距离与总冲刺次数之间有联系（Helgerud 等，2001），但需要在精英水平的足球比赛中进一步研究这种关系。Dellal 等人（2011）的研究结果表明，足球是一项非周期性运动（Acyclic Sport），无固定速度、运动量或运动强度，这些参数随着对手的变化、其他影响比赛变量的变化而不同。球员以各种速度进行短距离冲刺，同时又有相当数量的移动距离。正是由于无氧冲刺决定了比赛的结果（Owen 等，2012），力量训练近些年来受到了教练过多的重视，因为力量训练有助于提高球员的运动表现和损伤预防，详见《足球体能训练基础》（Campos-Vazquez 等，2014；Engebretsen 等，2008；Ekstrand 等，2011）。

本丛书的目的在于帮助足球工作者有效地利用科学训练方法和足球科学知识指导不同年龄、不同运动能力和不同赛事等级的球员，提高训练的效率，确保球员与比赛有关的关键因素（技术、战术、体能）不是孤立地发展，而是协调发展。为此，本丛书介绍了当前在精英职业球员的日常训练中普遍使用的训练方法。不同类型的对抗训练（如小场地、中场地和大场地的有球对抗）是一种基础的训练方法。然而，浏览先期的研究后发现，关于如何最好地将这种专项化的功能性训练比赛作为结构性训练课中的一部分，以整体提高球员的体能、技术和战术能力的研究比较少（Hill-Haas 等，2011）。

教练要将小场地对抗训练整合到技术训练计划中，以确保教练有机会增加与球员相接触的时间，提高训练的效率。由于这种训练方法具有多功能的特点，所以训练的总时间会减少（Dellal 等，2008；Owen 等，2004）。

各种有球对抗的训练可以激发球员的训练动机，产生与常规间歇跑相同的负荷（Hill-Haas 等，2009）。为了使训练方法更有效率，本丛书罗列了一些对抗训练和功能性训练的证据，有助于教练更好地执教各级别的球员。

此外，小场地对抗训练作为一种有效提高球员有氧耐力和技战术能力的训练方法，与正式的比赛相比，训练强度不足，尤其是缺乏正式比赛高强度和反复冲刺的要求（Casamichana 等，2012；Gabbett，Mulvey，2008）。这被研究报道中所谈到的"天花板效应"（训练效益的有限度）进行了验证，因为小场地对抗训练不能达到高强度的负荷，既不能帮助球员保持良好的有氧耐力水平，也不能帮助球员保持出色的技术能力（Buchheit 等，2009）。

正如文献所指出的那样，当前足球比赛中高强度跑、反复冲刺越来越多，这可以通过采用较大场地的有球对抗训练来实现（Hill-Hass 等，2009）。在大场地对抗训练中，球员的触球次数会减少（Owen 等，2011），而且为了摆脱对手或者创造得分机会，他们在无球状态下的持续高强度冲刺跑的次数会增加。

除上述以外，本丛书的 2 本书从当前的科学文献中总结了精英级别足球比赛对运动员身体、生理、技术和战术的要求，概述了这些专项需求并将其联系，反过来又强调了精英水平的球员在体能发展中的关键的体能和技术构成。本丛书的主要目的是将现代训练方法与足球科学规律相结合，最大化地提高训练效率，以及教练与球员之间的接触时间。

本丛书在引用先前研究文献的基础上展开讨论，力图强调精心设计准备期的必要性，提出高效的训练和恢复计划和足球专项损伤预防的策略。